Inhalt

W0085811

Widmung 6
Wie alles begann… 7
Vorwort von Susanne Hühn 9
Einstimmung 12

Lilith – die befreite Frau 16
Wer oder was ist Lilith? 16
Die Bedeutung Liliths für dein Frausein 22
MEDITATION: Reise in die Lilithkraft 25

Mutter – die erste Frau in deinem Leben 32
Mutter und Tochter – zwischen Liebe und Konflikt 35
Was die Beziehung zur eigenen Mutter mit
den Beziehungen zu anderen Frauen zu tun hat 38
Der Schmerz der Mutterwunde 40
Frauen- und Mutterthemen 42
MEDITATION: Reise zur Urmutter 47

Schwester – Rivalin oder Verbündete? 50
Schwestern – zwischen Neid und Verbundenheit 52
Facetten der Schwesternschaft 53
ÜBUNG: Gegenüber 58

Das Universum der Freundinnen 62

Freundin – Spiegel deiner Mutterbeziehung?.....................64
Die Kraft von Freundinnen – gemeinsam sind wir stark..70
RITUAL: Seelenschwester werden.....................73
ÜBUNG: Dein Beziehungskonto 78
Freundinnengeflüster.....................81

Die Welt der Amazonen 84

Wer oder was sind die Amazonen?.....................85
Amazonen – Mythos oder Wirklichkeit?.....................87
Moderne Amazonen 89
MEDITATION: Erwecke die Amazone in dir 97

Göttinnen und heilige Schwestern – Formen der weiblichen Urkraft....................... 104

Göttinnen 104
Die Göttin in dir.....................105
Meditation: Erwecke die Göttin in dir.....................109
Mutter Erde 113
Gaia – die große Mutter und Schwester 113
MEDITATION: Himmeln und Erden.....................117
Schwester Mondin.....................120
Jede Frau ist eine Traumweberin.....................122
RITUAL: Mondmagie.....................123
Schwarze Madonna 125
Die wahre Bedeutung der Schwarzen Madonna.............126
MEDITATION: Reise zur Schwarzen Madonna 128

Frauenheilkreise **132**
Die Bedeutung des heiligen Kreises 134
Was Frauen sich gegenseitig schenken können 137
Seelenschwester werden und die Wunde heilen 144
RITUAL: Der heilige Bund 145
Tipps zur Gründung eines Frauenheilkreises 147

**Das Männliche und seine Bedeutung
in der Welt der Frauen** **152**
Männer auf der Suche nach ihrer Rolle 152
Was passiert, wenn Mann und Frau
die Verletzungen ablegen… 153
Was Mann und Frau sich gegenseitig schenken können .. 157
ÜBUNG: Heilung und Aussöhnung mit
einem männlichen Partner 162

Ausklang 164
Das Geschenk hinter der Wunde 165
Deine Entscheidung: voll und ganz JA sagen 169
RITUAL: Manifest der Göttin 173
Eine neue Welt – singe dein ureigenes Lied 177

Danksagung **180**
Die Autorin **182**
Bildnachweis **182**

DU HAST MICH FALLEN SEHEN, NUN SIEH, WIE ICH MICH ERHEBE.

Rumi

Für meine Tochter Paulina

Wie alles begann …

Dieses Buch zu schreiben, war für mich ein wahrer Quell der Freude. Und ebenso eine riesengroße Herausforderung. Ich wusste vorher nicht, ob ich dem gewappnet bin, doch eines war sicher, ich musste es schreiben. Ich forschte, lauschte den Weisheiten meines Inneren, hörte den Worten der Frauen und Freundinnen zu, die ich befragte, und ES erfasste mich. Die weibliche Kraft ist ein Geheimnis, ist sie doch für mich selbst Grund einer lebenslangen Suche. Wie konnte ich mich dieser Kraft nun im Ganzen, in seiner vollen Pracht, Größe und Macht nähern? Sollte ich aus meiner eigenen Erfahrung schöpfen, die Geschichten von Frauen erzählen, sollte ich mythologisch, psychologisch auf die Suche gehen oder einfach meinem eigenen inneren Kompass folgen?

Eines wurde mir immer klarer beim Schreiben dieses Buches. Es war, als ob ich die Früchte eines Baumes bewundert und mich dazu entschlossen hätte, darüber zu schreiben, nur um zu erkennen, dass zu diesen Früchten auch die Äste, der Baum, die Wurzeln gehören … Mehr noch, aus diesen Wurzeln gehen hunderttausend kleine Verästelungen und Verzweigungen in jegliche Richtung. Ich konnte mich darin verlieren, und je gewissenhafter ich folgte, desto mehr entdeckte ich. Doch genau so ist ja die weibliche Kraft! Ein Mysterium der Vielfalt und Fülle mit Geschenken hinter den Wunden und einer Kraft, die nicht von dieser Welt scheint. Und diese Kraft glauben wir Frauen viel zu oft verloren. In Wahrheit verstecken wir sie immer noch hinter Zweifeln, Gefühlen der Wertlosigkeit, Schuld und Scham. Was konnte ich da als Einzelne schon tun?

Und doch wusste ich, ich musste dieses Buch schreiben. Ich schrieb es für mich und für dich. Ich wollte mich selbst an das erinnern, was in unserem Heiligtum schlummert und darauf wartet, von uns erweckt zu werden. Wahrscheinlich weißt du, wovon ich spreche. Ich wollte dorthin reisen, doch ich wollte es nicht alleine tun. In Gedanken nahm ich dich mit. Ich rief dir zu: »Schwester, lass uns gemeinsam wandern. Mit Freude und Staunen. Wie ausgelassene Kinder. Junge Mädchen. Würdig wie weise Frauen. Lass uns unsere Welt entdecken und uns an das erinnern, was wir sind. Komm mit mir. Ich kann dir nichts versprechen. Doch vielleicht, wenn du dein Herz ganz weit öffnest, erfasst ES dich genauso wie mich.« Und ich ahnte: Erst du als Leserin mit deinen Gefühlen, deinen Reaktionen beim Lesen, dem Ausprobieren der Übungen und Meditationen, deinen Gedankengängen, deinem Herzempfinden, deiner Liebe, vielleicht auch deinen Zweifeln, erweckst das Buch zum Leben. So sind Autor, Buch und Leser eine Art Einheit. Das eine gäbe es ohne das andere nicht …

Für dieses Buch habe ich viele Frauen interviewt. Sie erzählten mir von ihrem Leben, ihren Ängsten und ihrem Glück. Dafür bin ich zutiefst dankbar.

Lilia Martiny, Burgund/Frankreich im Januar 2018

Vorwort von Susanne Hühn

Liebe Leserin,

»Was für ein Mammutprojekt«, rief ich aus, als mir meine Freundin Lilia von ihrer Buchidee erzählte. All die komplizierten, verworrenen Beziehungsgeflechte in einem Buch darzustellen, ist wirklich eine Herausforderung, vor der ich zurückscheuen würde – erfordert es doch eine immense Bereitschaft, sich mit weiblichen Themen auseinanderzusetzen, auch und gerade mit den eigenen.

Denn Frauen sind nicht ehrlich zueinander, nicht wirklich. Das, was wir wirklich über die andere denken, entspringt oft genug heimlicher Angst, nicht eingestandenem Neid und Konkurrenzdenken, selten echtem Respekt, echter Liebe, echtem Mitgefühl. Wir alle gehen den weiblichen Weg. Und der ist tückisch. Es erfordert von Frauen ein hohes Maß an innerer Klarheit und innerem Frieden, um aufrichtig und ehrlich miteinander zu sein, weil wir ja wissen, wie sehr wir uns gegenseitig verletzt haben. Ich glaube, dass wir Frauen so voller Sorge sind, der anderen Frau passiv-aggressiv zu begegnen, die eigenen Themen auf sie zu projizieren und damit den eigenen Raum wieder zu verletzen, dass wir uns wie mit Samthandschuhen anfassen. Es braucht ein hohes Maß an Klarheit und an innerer Heilung, damit wir wirklich liebevoll

und aufrichtig miteinander umgehen können. Wir dürfen uns
bewusst machen, dass wir sehr wütend aufeinander sind, weil
wir immer wieder miteinander konkurriert haben. Das ließ
sich nicht vermeiden. Waren wir Frauen doch früher nur dann
etwas wert, wenn uns ein angesehener Mann geheiratet hat. In
vielen Kulturen ist das noch heute so. Das weibliche Kollektiv
weiß das und reagiert mit Angst darauf. Umso wichtiger ist es,
dass wir dem weiblichen Kollektiv eine andere Färbung geben!
Denn wir standen lange genug in Konkurrenz zueinander,
ob wir es wollten oder nicht. In Wahrheit wollen wir es nicht.
Denn Konkurrenzdenken ist nicht Teil der weiblichen Natur.
Die Erde nährt alles, ohne es zu werten. Die weibliche Natur
ist nährend und verbindend.

Weil aber eine »domestizierte« Frau ihre Wut nicht zeigt, nicht einmal sich selbst, ist es ein langer Weg, sich einzugestehen, wie wütend wir Frauen wirklich aufeinander sind. Wie neidisch sind wir, und wie viel Angst haben wir vor der Schönheit, dem Sexappeal und der Verführungskraft einer anderen.

Früher warst du nichts ohne einen Mann an deiner Seite. Diese unermessliche Sehnsucht nach einem, der uns liebt, ist immer noch ungebrochen. Wir geben nicht zu, dass wir miteinander konkurrieren. Und deshalb werfen wir uns, bildlich gesehen, Wattebäusche ins Gesicht und lächeln freundlich (oder hinterhältig), statt uns aufrichtig und wahrhaftig zu begegnen. Oder aber wir kuscheln uns zusammen und bilden einen Wall gegen die kalte Welt da draußen.

Doch in Wahrheit brauchen wir uns gegenseitig in unserer liebevollen, mutigen und aufrichtigen wahren Kraft. Die passive Aggressivität dürfen wir anerkennen, und wir dürfen lernen, bewusst damit umzugehen. Dann können wir uns gegenseitig unsere Wahrheiten zumuten, in echter, aufrichtiger, mitfühlender und wertschätzender Liebe.

Ich bin gesegnet mit meiner Freundin Lilia, mit der ich übe, diese aufrichtige und klare, wertschätzende gegenseitige Unterstützung zu leben. Ihr Buch zeigt ganz sie selbst: verletzlich, authentisch, beinahe schmerzhaft reflektiert und immer liebevoll und verstehend.

Deine Susanne

Einstimmung

»Mondschwester« ist eine Hommage an die Schwester in dir, eine Reise zu deiner Weiblichkeit, eine Art Initiation. Mit diesem Buch nehme ich dich mit auf eine Reise in die Welt der Frauen als Mutter, Tochter, Freundin, Rivalin … an Orte, wo Frauen sich zusammenfinden wie Frauenheilkreise, die Welt der Amazonen, das Universum der Freundinnen.

Ich möchte bewegen und daran erinnern, wie wichtig es ist, dass Frauen sich ihre Gemeinsamkeiten bewusst machen, denn gerade in der heutigen Welt wird unsere geheilte Weiblichkeit zutiefst gebraucht. Ich möchte dich mit diesem Buch zum Lachen bringen, deine Tränen trocknen, dir helfen, deine Geschenke zu entdecken.

Übungen, bewegende Texte und innere Reisen runden den Gang zur Urquelle deiner Verbindung mit Frauen ab und gestalten ihn lebendig.

Du willst das Abenteuer Frausein leben? Dann komm mit mir auf eine spannende und bewegende Reise hinein in die Welt der Mondschwestern.

WEIL DU MEINE SCHWESTER BIST!

SCHWESTER,
glaube nicht alles, was du siehst.
Auch ich bin verwundbar.
Du siehst mein Glück, doch vergisst mein endloses Ringen …

SCHWESTER,
ich bin eine von dir.
Wir gehen dieselben Schritte,
fühlen die Schmerzen von Mutter Erde,
legen uns auf ihre nackte Haut, um sie und uns zu fühlen.

SCHWESTER,
was ich dir immer sagen wollte: Weine nicht.
Du bist nicht allein. Meine Hand reich ich dir in jeder Sekunde.
Ich bin wie du. Du bist wie ich.

SCHWESTER,
Geliebte, wir wissen,
was es bedeutet, wirklich Frau zu sein,
und kennen die Suche nach uns
in allen endlosen Variationen, immer wieder.
Wir kennen den Schmerz und die Lust des Gebens.

SCHWESTER,
lass uns tanzen durch die Nacht.
Wir leben die gleichen Geschichten,
glaube nicht, dass ich besser bin.
Ich bin wie du ein Ausdruck der Göttin
im anderen Gewand.

SCHWESTER,
wir kennen all die Arten der Sehnsucht,
das Zögern und Straucheln,
das Gefangen-Werden,
die Zähmung, die nicht gelingt,
weil ein innerer Schrei das nicht zulässt,
auch wenn es uns nicht bewusst ist,
doch es bewacht die Quelle gut in uns.

SCHWESTER,
ich will dich erinnern,
lass uns beizeiten weggehen von dem Ort,
wo wir uns nicht ganz leben können,
sondern nur halb und halb.
Lass uns gehen mutigen Schrittes an den Ort unserer Träume,
lass uns lachen, uns mit Farben schmücken,
halten, beweinen, rennen …
herzvoll, randvoll, bis wir jede Zelle in uns spüren und wissen,
hier sind wir richtig, hier bleiben wir für eine kleine Weile,
um unseren Duft zu versprühen
und unseren Samen auszustreuen.

SCHWESTER,
lass uns dann weitergehen, immer weiter,
lass uns Grenzen sprengen, lieben, uns hingeben, aufhorchen,
lauschend, sprühend, klar wie ein junger Morgen im Wind,
der von den ersten Sonnenstrahlen wachgeküsst wird.

SCHWESTER,
ich bin dein Spiegel, schau hinein,
und sag mir, was du siehst.
Das bin immer nur ich.
Alles, was du siehst an mir, in mir, um mich herum,
was du vielleicht beneidest, das bist du,
du siehst dich in deinen Qualitäten. DU.

SCHWESTER,
komm mit mir auf alte Wege.
Lass uns weben, spinnen, das Feuer entfachen,
das Innerste nach außen kehren.
Und egal, wo du jetzt stehst,
ich hole dich, hole dich ab und nehme dich mit,
denn wir zwei sind Verbündete, Seelenschwestern,
die sich erkennen und immer schon waren uralte Weise,
Schamaninnen, Flüsterinnen des einen Wortes,
welches alles bedeutet.

Lass uns reiten den Wind wie in uralten Zeiten …

Lilith – die befreite Frau

Wer oder was ist Lilith?

Ich komme direkt zum Punkt, denn mit Lilith fing für mich alles an, was mit meinem Frausein zu tun hat. Sie war es, die mich auf diesen Pfad führte. Ihre selbstbewusste, Grenzen sprengende Kraft machte den Weg frei. Und nun möchte ich dich mit ihr bekannt machen. Darf ich vorstellen? Lilith!

Unsere autonome, widerspenstige, unbezähmbare Ahnin Lilith gilt als noch älter als die rund 5 000 Jahre alte sumerische Göttin Inanna und scheint damit eine Art Ursprungsgöttin zu sein. Ihr Name bedeutet »Windgeist«, »Nacht«, »Dunkelheit« – Attribute, die auf sie als Schöpfungsgöttin hinweisen. Ihr Symboltier ist die Eule, ein Sinnbild für Weisheit und Klugheit, aber auch ein Symbol für den Tod. Als Nachtvogel wird die Eule vom Mond bestimmt, der wiederum für Magie und das träumerische Unterbewusstsein steht. Dies kennzeichnet auch Lilith als Schöpfungs- und Schicksalsgöttin und Gebieterin über Leben und Tod.

Im Talmud tritt Lilith als die erste Frau Adams in Erscheinung. Sie wurde nicht aus der Rippe Adams gestaltet wie Eva, sie war aus Lehm erschaffen worden und Adam ebenbürtig. Als eine solche Frau widerstrebte es ihr, sich Adam unterzuordnen, im Gegenteil, sie wollte beim Sex oben liegen und war

frei und wild. Das missfiel Adam, er wollte sie beherrschen. Doch Lilith ließ das nicht zu und befreite sich, indem sie floh. Adam erzählte Gott von Liliths Flucht, woraufhin dieser Engel hinterherschickte, die sie zurückholen sollten. Doch Lilith wollte nicht zurückkehren, sie wollte sich nicht unterwerfen und wählte, in Freiheit zu leben. Daraufhin, so erfahren wir aus der alten Erzählung, wurde Lilith von Gott verflucht: Alle ihre Kinder sollten dem Tod geweiht sein, und Lilith sollte für immer als Nacht- und Windgeist umherirren. Von dieser Zeit an rächte sich Lilith, indem sie neugeborene Kinder tötete und alle Männer verführte. So wurde sie fortan als Dämonin verteufelt.

Diese Geschichte aus dem Talmud entstammt der Zeit zwischen dem zweiten und vierten Jahrhundert nach Christi. Mit ihr versuchte man zu erklären, warum die Erschaffung des Menschen in der Genesis zweimal in unterschiedlicher Form erzählt wird.

Die Gestalt der Lilith ist jedoch viel älter. Bereits 2000 Jahre vor Christi Geburt gab es Darstellungen einer geflügelten Lilith, diese entsprang dem sumerischen Geschlecht.

Was immer auch die Wahrheit ist, ich finde es interessant, dass Lilith all die Jahrhunderte hindurch sowohl im christlichen, als auch im muslimischen und jüdischen Kulturkreis als weibliche Dämonin dargestellt wurde. Auch wenn ihr Name wechselt, haben alle Erzählungen doch eines gemeinsam: Sie ist immer eine »für Frauen gefährliche Frau«. In der feministisch-theologischen Frauenbewegung wird erzählt, dass Adam Eva, die ja aus seiner Rippe gestaltet wurde und ihm untertan war, vor Lilith warnte, da sie nicht gehorchen wollte. Lilith galt als verflucht, zerstörerisch und gefährlich. Das machte Eva große Angst.

Sie sagen, du bist zu laut.
Du würdest nicht ins System passen.
Sie sagen: »Reiß dich doch zusammen«,
und ob du nicht ein wenig sanfter sein könntest,
du wärest ja schließlich eine Frau …

Sie sagen, du warst schon immer so, schon als Kind …
und dass sie es geahnt hätten …

Sie sagen, du warst schon immer anders, und die Menschen
hätten über dich getuschelt, weil du so wild warst …

Sie sagen, das gehe nicht gut und
dass man dich früher als Hexe verbrannt hätte,
du würdest eher mit den Wölfen rennen
als mit den Menschen … und du wärest nicht brav und nett …

Sie sagen, dass man sich vor dir fürchte und ob du denn nicht
endlich so sein könntest wie alle anderen und dass du
nicht immer deinen Mund so weit aufmachen sollest …

Sie sagen: »Halte dich zurück, passe dich lieber an«, sonst würde es ein böses Ende nehmen für Frauen wie dich …

Sie sagen, du könntest nicht anders,
du seiest halt wie ein ruheloses Tier, irgendetwas sei falsch
gelaufen in deiner Erziehung und deinem Zuhause …

Sie sagen, man müsse dir die Kinder wegnehmen,
du seist doch keine gute Mutter, würdest nicht regelmäßig
kochen und die Kinder nicht gern in die Schule schicken …

Sie sagen, du hättest es verdient, dass dein Mann dich schlägt,
du müsstest doch zur Raison kommen,
und dass sie ihn verstünden …

Sie sagen: »Unglaublich, wie sie immer noch da steht,
als wäre sie frei, wie ein schwarzer Panther im Urwald …«

Sie sagen: »Nimm dich in Acht vor ihr, sie ist eine Hexe
und hat unheimliche Kräfte«, sie hätten sie gesehen,
wie sie nackt im Wald den Mond anbetete …

Sie sagen, es wäre besser, man würde sie einsperren,
wegsperren, um sie vor sich selbst zu schützen,
und dass sie eine Gefahr für ihre Kinder und vor allem
für ihre Männer sei, weil sie ihnen den Kopf verdrehe …

Sie sagen, sie habe sich gewehrt, als man sie holte,
doch dann wäre sie unnatürlich ruhig gewesen
und hätte zum Abschied die Kinder geküsst …

Sie sagen, das ganze Dorf hätte sich versammelt,
als man das Feuer schürte, und dass die Flammen
bis zum Himmel reichten, als man sie hinaufführte …

Sie sagen, sie schwören, sie hätte laut gelacht und gesungen,
und ihnen wäre unheimlich geworden,
und viele hätten geweint, und als das Feuer verstummte,
wäre ein Käuzchen aus der Asche geflogen …

Sie sagten, dass es niemand vergessen könne,
und doch wäre es besser so. So sagten sie!

Kennen wir Frauen das nicht nur zu gut? Das Dunkle, die als
gefährlich geltende, nicht kontrollierbare Kraft, weckt noch
immer die Angst in uns. Dabei liegt gerade in diesem Dunklen, Geheimnisvollen für uns Frauen die größte Kraft. Warum,
darauf komme ich im Laufe dieses Buches noch zu sprechen.

Ich habe oft in Gedanken die Geschichten um Lilith weiterge-
sponnen. Ich stellte mir vor, wie viel Angst die liebliche, reine,
angepasste Eva vor Lilith hatte und ihrer dämonischen Ausstrahlung, ihrem freien Sein hatte. Eines Tages treffen sie sich
zufällig, sie laufen sich einfach über den Weg. Eva ist zu Tode
erschrocken, und Lilith zutiefst misstrauisch der unterwür-
figen Eva gegenüber. Um ehrlich zu sein, verachtet Lilith die
angepasste Eva sehr. Doch in meiner Vorstellung sind beide
auch sehr neugierig und nähern sich an. Sie stellen sich Fragen
und beginnen, einander zuzuhören. Sie erzählen sich von den
Licht- und Schattenseiten ihres Lebens und werden Freundinnen.

Wenn ich mir das so vorstelle, wird mir ganz warm ums Herz.
Was wäre, wenn Frauen ALLE Aspekte ihres Seins vollkommen bejahen und leben könnten? Nichts würde verflucht und
ausgelassen, alles bekäme seinen Platz und würde gewürdigt?
Liegt darin nicht die tiefe Heilung unseres weiblichen Kollek-
tivs? Ist es nicht genau diese Kraft, die von uns Frauen gebraucht wird? Dafür steht für mich symbolisch die Lilithkraft.

Die Bedeutung Liliths für dein Frausein

Wenn du Lilith als eine tief verborgene psychologische (Ur-) Kraft in uns Frauen (aber auch als den weiblichen Anteil in Männern) erkennst, vermagst du viel über dich zu erfahren.

Lilith ist der seit Jahrtausenden abgespaltene, wilde, ursprüngliche weibliche Anteil in uns, der durch die männliche Herrschaft unterdrückt wurde. Lilith, die Widerspenstige, war nicht bereit, sich der patriarchalischen Vorherrschaft zu unterwerfen.

Was alles hätte es bewirken können, wenn Lilith die Frauen wieder an die alten weiblichen Geheimnisse, an die weibliche Lebenskraft erinnerte?

Das sicherste Mittel, dem entgegenzuwirken, schien, sie zu dämonisieren und sie mit angsterregenden, mörderischen Eigenschaften auszustatten. Seit der Zeit patriarchalischer Geschichtsschreibung wird Lilith darüber hinaus eine erotische, verführerische Rolle zugewiesen, die interessanterweise rein negativ gedeutet und mit Verderben gleichgesetzt wird.

Trotz all der diffamierenden Zuschreibungen gelang es auch über die Jahrtausende hinweg nicht, Lilith und das, was sie verkörpert, auszulöschen. Sie trieb heimlich lange Wurzeln in uns, überfiel uns als eine aufsprengende Kraft in Situationen, in denen wir über einen langen Zeitraum unsere weiblichen Quellen und Qualitäten unterdrückten. Es ist diese Kraft, die uns überfällt, wenn wir abgeschnitten werden von unseren wilden, ursprünglichen, fließenden, gebärenden Aufgaben in der Welt. Lilith kommt, um dich zu erinnern, wer du wirklich bist. Sie hat die Kraft, Dinge und Situationen zu sprengen, das Unterste zuoberst zu kehren und dir deine verborgenen Leidenschaften und Wünsche vor Augen zu führen. All das, wovor wir uns vielleicht fürchten, weil es die lebendigste Lebenskraft ist, die sich frei und selbstbestimmt ihren Weg bahnt.

Lilith pfeift auf Regeln und Konventionen! Sie lebt aus ihren natürlichen Instinkten heraus, sie verbindet dich mit allem, was du je warst und sein wirst. Das ist natürlich spannend und aufregend, und doch macht es uns Angst. Denn diese Kraft möchte uns frei und wild und in allen Facetten leben sehen. Doch oft fühlen wir Menschen uns in vermeintlichen Sicherheiten wohler, alles muss überschaubar sein.

Lilith ist keineswegs überschaubar, sie folgt ihren Instinkten, ist unberechenbar. Es ist nicht kalkulierbar, was als Nächstes kommt. Und doch folgt sie allein ihrem Herzen, ist sich stets selbst treu. Die Lilithkraft ist die weibliche Urkraft. Lilith ist die sexuelle Lebenskraft, ist Lust und natürliches weibliches Sein. Und genau das braucht unsere Welt. Frei fließende weibliche Kraft! Lilith ist sozusagen die Ahnfrau der »weisen Frau«. Sie ist die kreative, formgebende Energie, die autonome Göttin des Lebens und des Todes. Nicht ohne Grund besinnen sich viele Frauen gerade jetzt wieder auf sie. Als autonome und damit selbstverantwortliche Göttin zeigt Lilith den Menschen die Möglichkeit, auch ihre eigene Autonomie zu entwickeln. Auch in der Astrologie gibt es die Bezeichnung »Lilith«. Sie stellt einen sensitiven Punkt dar, auch »Schwarzmond« genannt. Ein Mensch, der astrologisch gesehen »seine Lilith lebt«, ist autonom, redet sich nicht auf andere, höhere Mächte aus und ist sich der Wirkung und dem Ausmaß seiner Taten und Handlungen bewusst.

Lilith steht daher nicht konkret für eine Göttin oder einen Gott, sondern im übertragenen Sinne für die Fähigkeit, unsere eigene weibliche Schöpferkraft zu entdecken und das Göttliche in uns selbst zu gestalten. Der Weg der Lilith entspricht den frei fließenden weiblichen Kräften des Lebens. Diese sind nicht kontrollierbar, denn die Urkräfte selbst führen hier Regie. Dieser Weg ist aber erfüllend und aufregend und lebendig wie ein sprudelnder Bach.

Wenn Lilith uns berührt, wissen wir, wonach wir uns so sehr sehnen. Wir wollen das Leben sinnlich und lustvoll genießen. Wir sehnen uns nach Erlebnissen, die uns begeistern und erfüllen. Nicht bloß oberflächlich soll diese sinnliche Erfüllung sein, sondern in die Tiefe gehen … Lilith steht für die Erfüllung all unserer Sehnsüchte. Sie verkörpert die frei fließenden Kräfte des Lebens.

Möchtest du die Kraft der Lilith einmal erfühlen? Liebevoll und mit einem Lächeln warne ich dich: Es könnte sein, dass du für immer mit ihr sein möchtest.

MEDITATION:
REISE IN DIE LILITHKRAFT

Bevor wir beginnen, lade ich dich ein, dir folgenden Text durchzulesen, er stimmt dich auf das ein, was dich während unserer Reise erwartet:

NACKT!

Es kam die Zeit, da sie alle Kleider abgelegt hatte und so ihre ganze Schönheit und Pracht zum Vorschein kam.

Sie legte ab den Mantel der Vergangenheit, der verlorenen Wünsche, falschen Hoffnungen, des Selbstbetrugs, die Kleider der Erwartungen, vergeblichen Liebe, die Umhänge der Scham und Schuld, der hohen Ansprüche an sich selbst, die Röcke der Furcht, des Versagens, die Schuhe des Zweifels, der Unterdrückung ihrer Gefühle, des Sich-Anpassens, des Unausgesprochenen, das enge Korsett der Verweigerung, des Sich-nicht-Lebens und -nicht-Liebens, Sich-klein-Haltens, die Schleier der Unsichtbarkeit, des Nicht-Auffallens, die Hüte des ewigen Schenkens und Gebens, der Ausbeutung, des Sich-nicht-nähren-Könnens, der verlorenen Kinder, des Hässlichen, Falschen, Erstarrten und des Todgeweihten … NACKT!

Aus diesem Haufen an Kleidern entstieg sie jungfräulich, pur, verletzlich und doch so stark wie ein junger Morgen.

Es war ungewohnt für sie, und sie wollte sich immer wieder bedecken. Doch da war nichts mehr, womit sie sich bedecken konnte, sie hatte alles hinweggegeben in einer Sekunde, in der das Leben so wild in ihr ruckelte, so heftig in ihr vibrierte, so rasend schnell erzitterte, dass sie sich befreien musste.

Ihr Herz schlug schnell bei den ersten Schritten. Doch bei jedem weiteren Schritt fand sie mehr und mehr Gefallen und wog ihre Hüften hin und her wie bei einem neuen Tanz.

Die ganze Last war von ihren Schultern gefallen, sie fühlte sich unendlich leicht und frei, und obwohl die Menschen sie erstaunt anstarrten, machte es ihr nichts. Es gab nichts mehr zu behüten als ihre eigene Seele, die durch ihren Körper erstrahlte. Nichts konnte sie mehr verlieren. Denn sie hatte nur sich!

Und wenn sie auch oft blind gewesen war, war es nun, als ob mit jedem Kleidungsstück, das sie fortgeworfen hatte, ihre Sehkraft wieder zum Vorschein kam. Fremde unter den Menschen war sie nun, aber sie fühlte sich so richtig und an ihrem Platz, dass sie für kein Gold der Welt diesen Zustand wieder hergegeben hätte.

FREMD erschienen ihr die ANDEREN.
War dies nicht der natürliche Zustand?

Und so tanzte und lachte sie in die Welt,
und alles kam wieder zum Vorschein,

was sich sonst unter ihrer Kleidung versteckt
hielt.

Das Lachen kehrte wieder zu ihr zurück.
Die Würde …
Die Leichtigkeit …
Das Schweben …
Die Königin erwachte in ihr!
Das Wertvolle, Einzigartige, ihre Pracht und Größe umgaben
sie im Nackten.

SIE KONNTE SICH NICHT MEHR VERSTECKEN, KEINE
MASKEN MEHR TRAGEN, sie war pur und wie sie erschaffen war vom Ursprung an.

Aus dem Haufen ihrer Kleidung entstieg eine GÖTTIN!

Und die Moral von der Geschicht? Bedenke wohl, womit du
dich bedeckt hältst … Lasse keinen Mantel der Welt, noch
Schleier dein wahres Wesen verstecken. Sei nicht bereit, Masken zu tragen, nur damit du eine Rolle erfüllen kannst und du
vielleicht geliebt wirst.

Sei du selbst, nackt und wie du gemeint bist. Zeige dich in
deiner Verletzlichkeit, denn dies ist deine wahre Stärke. Sei die
Göttin, die Hexe, die Wilde, Sanfte, Verrückte, Unaussprechli-
che, die Unangepasste, die vorausgeht mit einem Lachen, halte nichts zurück, lebe, liebe, feiere dich, deine Schönheit,
deine Einmaligkeit, das, was nur DU bist.

Gehe hinaus, GÖTTIN, und zeige allen,
wer du bist! Denn wenn du das tust, gibst
du anderen die Erlaubnis, es dir gleichzutun …
GÖTTIN ohne Gewand, nackt und pur, erhaben
schön und wild, kraftvoll und weise …

Nimm dir eine Auszeit von mindestens 30 Minuten. Ziehe dir bequeme Kleidung an, sodass du dich wohlfühlst. Du kannst diese innere Reise an einem stillen Ort deines Wohnraums unternehmen oder in der Natur. Gerade an einen Baum gelehnt, kann die Reise zur Lilithkraft besonders stark erlebbar sein, so meine Erfahrung. Doch jeder Ort, an dem du nicht gestört wirst, ist in Ordnung. Denke daran, dass auch ein Handy, Telefon oder deine Liebsten störend sein können. Sorge gut für dich, und sage allen Bescheid, dass du für einen Moment alleine sein möchtest. Vielleicht möchtest du eine Kerze entzünden oder mit Räucherwerk einen gewissen Duft verströmen lassen. Schön ist auch, wenn du dir eine ruhige, fließende Musik anstellst. Oder falls du in der Natur bist, lasse die Vögel für dich singen, lausche dem Rauschen des Windes … Du kannst sitzen oder liegen. Folge einfach deinen Impulsen, du weißt, was gut für dich ist. Schließe deine Augen, und lausche eine Weile deinem Atem, wie er kommt und geht. Entspanne dich, und lasse dich fallen.

Fliege nun mit deinem Bewusstsein hoch über deinen Körper hinaus. Suche dir einen Ort in der Natur, der dir vertraut ist und an dem du dich sicher fühlst. Lande dort mit deinem Bewusstsein. Stelle dir vor, wie du dort stehst. Nimm diesen Ort mit allen Sinnen wahr. Wie fühlt sich der Boden unter deinen Füßen an? Welche Geräusche dringen an dein Ohr? Welche Düfte nimmst du wahr? Je tiefer du dich einlassen kannst, desto tiefer wird dein Erleben. Wenn du nun an dir hinuntersiehst, erkennst du, wie viele Schichten an Mänteln und Kleidern du trägst? Vielleicht warst du dir dessen noch gar nicht bewusst. Doch jetzt siehst du es. Willst du erfahren, was sich darunter verbirgt? Was zum Vorschein kommt, wenn du alle Schichten abgelegt hast? Willst du wissen, wie du WIRKLICH aussiehst und wie es sich anfühlt, ohne den ganzen Ballast und das Gewicht? Wenn du Angst verspürst oder noch Bedenken hast, dann rufe einen Engel an deine Seite, der über dich wacht. Er steht nun hinter dir und wird auf dich aufpassen.

Bist du bereit? Dann lege den ersten Mantel ab. Ziehe ihn einfach aus, und lasse ihn am Boden liegen. Wie fühlt sich das an?

Lasse dir die Zeit, die du brauchst, um auch den zweiten Mantel abzulegen. Vielleicht weißt du instinktiv, was du da ablegst. Manchmal ist es Scham, manchmal ist es der Mantel der Unsichtbarkeit. Du musst nicht wissen, WAS du ablegst.

Okay, bereit für Schicht Nummer drei? Streife sie ab. Wie geht es dir? Fühlst du dich schon leichter? Egal, wie du dich fühlst, alles ist okay. Es gibt kein Muss, nur die Bereitschaft, dich wirklich zu spüren. Alles geht ganz leicht, fast wie von selbst. Je mehr du ablegst, desto befreiter fühlst du dich. Es kann vorkommen, dass du dich auch verletzlicher fühlst, das ist in Ordnung, so fühlt es sich an, wenn dein Herzzentrum sich mehr und mehr öffnet. Lege nun in deinem Tempo deine Mäntel weiter ab. Es kann sein, dass du dich viel stärker spürst und dass es ungewohnt ist. Vertraue.

Nach vielen Schichten spürst du, dass du nur noch einen einzigen Mantel trägst. Bist du bereit, auch diesen abzulegen und dich endlich so zu sehen, wie du in all deiner Pracht bist?

Niemand ist da, um dich zu sehen. Du darfst dich ganz alleine ausprobieren. Nur die Natur und vielleicht die Tiere sind um dich herum. Die letzte Schicht, den letzten Mantel … lasse ihn fallen.

Schließe für einen Moment die Augen, und lasse dich in das neue Gefühl deines Seins hineinfallen. Lasse dich wirklich fallen. Nichts behindert dich mehr. Keine Gewichte oder Pakete. Du bist frei. Spüre, wie leicht sich das anfühlt. Du könntest davonfliegen. Und doch bist du auf einmal fest verwurzelt und verbunden mit Mutter Erde. Lasse dir die Zeit, die du brauchst, um dich an dieses Neue zu gewöhnen. Ich bitte dich, genieße es. Auch wenn es dir ungewohnt erscheinen mag, fühle deine ganze Lebendigkeit von den Fußspitzen bis zum Kopf. Fühlst du die Sinnlichkeit in dir aufsteigen, die Lust, dich zu verbinden? Fühlst du die Kraft, die pur und rein in dir hochsteigt? Was will diese Kraft, dass du tust? Vielleicht möchtest du tanzen, dich bewegen … Vielleicht möchtest du dich auf Mutter Erde legen, um sie zu spüren. Oder du möchtest dich einfach nur vom Wind streicheln lassen. Fühle ihn auf deiner nackten Haut. Folge den Impulsen, die in dir hochsteigen. Bade in dem Gefühl, ganz du selbst zu sein, nackt, pur, frei.

Wenn du das Gefühl tiefen Friedens in dir spürst, dann bedanke dich, und begib dich langsam wieder auf die Heimreise. Du allein entscheidest darüber, wie du nach Hause reist. Möchtest du den einen oder anderen Mantel wieder anlegen? Das ist in Ordnung. Vielleicht musst du dich noch an die frei fließende Kraft gewöhnen. Vielleicht bist du aber auch schon so in ihren Genuss gekommen, dass du alle Mäntel hier lässt. Es liegt allein an dir, dies zu entscheiden. Es gibt kein Richtig oder Falsch, nur dich wundervolles Wesen. Du bist frei in jeder Entscheidung.

Wenn du so weit bist, fliege mit deinem Bewusstsein wieder zurück an den Ort, an dem dein Körper verweilt. Lasse dich ganz langsam in deinen Körper hineinsinken. Recke und strecke dich, und öffne ganz langsam deine Augen. Willkommen zurück zu Hause. Sei gespannt, was in der nächsten Zeit geschieht. Wisse, dass du jederzeit wieder an den Ort deiner Wahl reisen kannst, um deine »Kleider« abzulegen.

Wenn du möchtest, schreibe deine Reise auf, damit du dich immer an sie erinnern kannst. Lilith umarmt dich.

Mutter – die erste Frau in deinem Leben

Ich war noch klein und liebte meinen Vater abgöttisch. Da bemerkte ich, dass etwas anders war. Natürlich konnte ich es als Kind nicht benennen. Doch heute weiß ich es. Die Liebe meiner Mutter war nicht mehr bedingungslos. Ich wurde in der Liebe zu meinem Vater eine Rivalin für sie. Das mag seltsam klingen, und doch war es so. Ich spürte diesen Bruch zutiefst. Ich war ein kleines weibliches Wesen, und mein Vater war hingerissen von mir. Er erlaubte mir mehr als meine Mutter. Ich kokettierte auf die Art des kleinen Mädchens mit meinem Vater. Das ist ein ganz normaler Prozess im Leben eines jungen Mädchens, und auch, dass die Mutter so reagiert, ist normal. Die Frage ist jedoch, wie geht die Mutter mit solchen Situationen zukünftig um? Kann sie als erwachsene Person angemessen darauf reagieren, oder überwältigt sie das Gefühl, eine Rivalin zu haben, vielleicht unbewusst? Die Wahrscheinlichkeit ist groß, dass auch ihr das als kleines Mädchen mit ihrer Mutter geschehen ist. Und so wird das Gefühl der Rivalität von Generation zu Generation weitergetragen. Bei meiner Mutter wurde das Gefühl immer stärker. Ich fühlte mich abgeschnitten von der Urkraft der Liebe meiner Mutter. Ich wusste nicht, was ich getan haben sollte, ich war unschuldig. Meine Mutter begann, mich manchmal »kleines Biest« zu nennen. Vorwiegend in Anwesenheit meines Vaters. Es sollte

zärtlich klingen, sie lachte dabei und hielt kokett ihren Kopf schief, während sie von unten zu meinem Vater hinaufschaute. Doch ich spürte die Schwingung in ihren Worten und war zutiefst verunsichert.

Diese Gefühle bezüglich meiner Mutter fielen mir wieder ein, als ich selbst eine Tochter bekommen hatte. Ich liebte sie hingebungsvoll und wollte das »Frausein« mit ihr niemals vergessen. Schon als sie noch ein Baby war, wiegte ich sie stundenlang in meinen Armen und sang ihr alle Lieder unseres Frauenheilkreises vor. Mutter und Tochter so wunderbar im Fluss. Bis zu dem Moment, als der Vater meiner Tochter in einem Augenblick nachdenklich zu mir sagte und mir dabei zärtlich über den Kopf strich: »Es ist so schön, euch zwei so zu sehen. Mir fällt ein Stein vom Herzen. Ich dachte immer, du würdest Probleme haben mit einer Tochter …«

Entgeistert schaute ich ihn an. Und alles war wieder da, die schmerzliche Ahnung, dass vielleicht auch ich meine Tochter als Rivalin empfinden könnte, das Vermissen der mütterlichen Liebe in meiner Kindheit, das Gefühl, irgendetwas stimme nicht mit mir, wenn ich unter Frauen war. Das Gefühl von Alarmbereitschaft und die übermäßige Vorsicht im Umgang mit Frauen. »Man weiß ja nie!«

Und doch war dies ein Schlüsselerlebnis. Ich entschied mich dazu, mich noch mehr für die Welt der Frauen zu öffnen. Ich wurde zur Forscherin. Ich suchte, schaute hin und begann meine Reise. Für meine Tochter wollte ich das alles tun. Und für mich. Und hier stehe ich nun. Um viele Erfahrungen reicher. Ich stehe hier mit dir, liebe Leserin, und frage mich, ob du das auch kennst? Wo hast du Rivalität gespürt, wo hast du dich gewunden unter weiblichem Konkurrenzdruck? Was sind deine Erfahrungen? Hast du Lust mit mir eine neue Welt zu entdecken, unsere Welt, die Welt der Frauen? Dann lasse uns, uns gegenseitig die Hand geben und gehen. Ich habe keine Ahnung, wohin die Reise uns führt, doch ich verspreche dir, ich lasse deine Hand nicht los und gehe die Schritte gemeinsam mit dir …

Mutter und Tochter –
zwischen Liebe und Konflikt

Wenn »Leben« entsteht, wenn du inkarnierst, dann wächst
du als Embryo im Bauch deiner Mutter heran. Sie ist der erste
Mensch, mit dem du in Beziehung trittst, wenn du in die
Welt kommen willst. Etwa eine Woche nach der Befruchtung
nimmt der Embryo Kontakt mit der Gebärmutterschleimhaut
auf. Über die Plazenta verbindet er sich mit dem Blutkreislauf
der Mutter. Von dieser Verbindung hängt alles ab. Missglückt
sie, geht der Embryo als frühe Fehlgeburt oft unbemerkt ab.
Das bedeutet, dein Leben hängt von Anfang an von deiner
Mutter ab.

Deine Mutter schenkt dir das Leben, sie gibt dir die Möglichkeit, mit deiner Seele ein für dich und deine künftigen Erfahrungen perfektes Erdenkleid zu gestalten. Natürlich ist dies ein
unbewusster, automatisch ablaufender Vorgang, jedoch wissen
wir schon lange, wie tief greifend die Gefühle und Gedanken
der Mutter ebenfalls darauf Einfluss haben.

Im Bauch deiner Mutter wirst du über sie ernährt – über
die Nabelschnur. Alles, was sie an Nahrung zu sich nimmt,
kommt auch zu dir. Alles, was sie in der Zeit, in der du in ihrer
Gebärmutter wächst, denkt, macht und tut, hat Einfluss auf
deine Entwicklung. Es ist die »pränatale«, also die »vorgeburt-
liche« Phase.

Später als Baby ist deine Mutter für dich die erste große Liebe. Die körperliche Verbundenheit durch die Schwangerschaft und die enge Bindung im Kleinkindalter legen den normalerweise optimalen Grundstein für eine große Vertrautheit. Vielleicht aus eigener Erfahrung wissen wir aber auch, dass bedingungslose Nähe sich gerade zwischen Müttern und Töchtern drastisch verändern kann. In manchen Fällen ist sie auch von vornherein nicht vorhanden, z. B. wenn die Schwangerschaft unerwünscht war …

Vielleicht erinnerst du dich noch, dass du dich als kleines Mädchen vollkommen mit deiner Mutter identifiziert hast?

Du hast sie nachgeahmt, hast nach ihrer Aufmerksamkeit geheischt, bist in ihre viel zu großen Schuhe geschlüpft, hast dich mit ihrer Schminke angemalt oder eine Modenschau mit ihren Kleidern veranstaltet. Das ist ganz normal. Als kleines Mädchen wolltest du so sein wie dein großes Vorbild, deine erste Liebe: deine Mutter.

Meistens wird es dann im weiteren Verlauf der Kindheit zwischen Mutter und Tochter spannungsreicher. Die ersten Reibungspunkte treten auf. Ganz besonders dann, wenn du als Mädchen nicht dem Rollenbild, dem »Mädchen-Ideal« deiner Mutter entsprichst. Dies kann passieren, wenn du z. B. zu brav und schüchtern oder zu trotzig und penetrant bist. Doch noch sind diese Spannungsfelder eher unbewusst. Erst in der Pubertät ändert sich etwas drastisch. Als junges Mädchen bist du dermaßen auf der Suche nach deiner eigenen Identität, dass du dich unweigerlich abgrenzen MUSST. Vielleicht beginnst du, zu rebellieren, oder möchtest auf gar keinen Fall so sein wie deine Mutter und tust alles, um anders zu sein. Auch diese Phase ist normal in der Mutter-Tochter-Beziehung.

Mir ist natürlich klar, dass noch viele andere Beziehungen zwischen Mutter und Tochter existieren. Vielleicht wurdest du von deiner Mutter verlassen, oder sie war überhaupt nicht für dich da, oder sie war krank …

Auch den gegenteiligen Fall gibt es, wo du eine fast symbiotische Beziehung mit deiner Mutter lebst und diese bis heute anhält …

Was die Beziehung zur eigenen Mutter mit den Beziehungen zu anderen Frauen zu tun hat

Wir erinnern uns: Die Beziehung zwischen Mutter und Tochter ist etwas ganz Besonderes. Psychologen nennen sie auch die »Mutter aller Beziehungen« und wissen, dass sich diese komplexeste zwischenmenschliche Bindung in unserem Leben zwischen verschiedenen Spannungsfeldern bewegt. Dazu zählen Liebe, Fürsorge, Anerkennung und Stolz, aber auch Neid, Abhängigkeit und Eifersucht.

Natürlich gibt es sie, die harmonische Mutter-Tochter-Beziehung. In vielen Fällen aber belasten dieses Verhältnis enttäuschte Erwartungen, Kränkungen und Schuldgefühle, weshalb viele Töchter unter ihren Müttern leiden – und umgekehrt.

Woher kommt das?

Weil wir ein ganz bestimmtes Mutterbild in uns tragen. Eine Mutter soll Wärme und Geborgenheit verströmen, sie soll uns so akzeptieren, wie wir sind, uns ermutigen, den eigenen Weg zu gehen, und uns schützend und leitend unter die Arme greifen, wann immer sie gebraucht wird. Wir wünschen uns von unserer Mutter Liebe in ihrer höchsten Form, bedingungslose Liebe: Mutterliebe. Und doch bekommen wir sie vielleicht nicht.

Warum nicht?

Weil die Mutter auch nur ein Mensch ist. Weil sie diese Liebe vielleicht von ihrer eigenen Mutter nicht erfahren hat, weil sie kein Modell hatte, von dem sie lernen konnte.

Was wir stattdessen oft von unserer Mutter bekommen? Kontrolle, strenge Regeln und einen Haufen alter Programme, die oft unbewusst vermittelt werden und die das komplette Gegenteil von bedingungsloser Liebe sind. Das äußert sich in meist nur indirekt ausgesprochenen Forderungen an die Tochter wie: »Du wirst nur geliebt, wenn … (z. B.: wenn du etwas leistest!)« Die Liste ließe sich beliebig fortführen. Und schon beginnt der Teufelskreis, aus dem wir uns ein Leben lang nicht befreien können. Wir starten einen Kampf um diese Liebe. Wir suchen sie, ersehnen sie, indem wir den Erwartungen der Mutter zu genügen suchen. Wir beginnen, uns zu verbiegen.

Und all das, was wir mit unserer Mutter erleben, prägt uns in unseren Verbindungen zu all den anderen Frauen, die uns im Laufe unseres Lebens begegnen werden. Wir suchen auch zu ihnen die innige Nähe. Oder wir stehen in ständiger Konkurrenz mit ihnen. Oder … oder …

Frage dich einmal selbst, was dir in Beziehungen zu anderen Frauen immer wieder auffällt, was dir immer wieder begegnet? Es ist sehr wahrscheinlich, dass hierin das Grundthema in der Gestaltung deiner Verbindungen zu Frauen verborgen liegt.

Der Schmerz der Mutterwunde

Ganz am Anfang dieses Kapitels beschrieb ich meine Erfahrungen mit meiner Mutter, als ich ein kleines Mädchen war – diese leise, unbewusste Konkurrenz, die ich fühlte, aber nicht benennen konnte … Sicherlich wundert es dich nicht, wenn ich dir erzähle, dass die Freundschaften zu Frauen, die in meiner Jugendzeit begannen, sehr stark von Konkurrenzdenken geprägt waren. Ich hatte ständig das Gefühl, dass mich keine meiner Freundinnen dabei haben wollte, weil sie mich als eine zu große Konkurrenz wahrnahmen. Natürlich bestätigten mich meine Erlebnisse mit Frauen im Außen in meinem Denken. Das ging so weit, dass ich dachte, Frauen verschmäh-

ten und hassten mich. Also hatte ich viel mehr Männer-
freundschaften, denn dort gab es dieses Gefühl nicht. Dass
die Trennung zwischen mir und meinen Freundinnen aber
dadurch nur noch größer wurde, verstand ich zuerst nicht. Es
kam so weit, dass ich fast ausschließlich nur noch männliche
Freundschaften – oft zu homosexuellen Männern – pflegte.
Ich dachte wirklich, mit Frauen sei das nicht möglich, und ich
verachtete sie dafür. »Wie dumm doch Frauen sind«, so dachte
ich damals. Dass ich damit mein eigenes Frausein verletzte,
bemerkte ich nicht.

Erst Jahre später und mit viel Schattenarbeit und Therapie
konnte ich mich langsam dem Thema »Frauen« öffnen und
erkannte, um wie viel Wundervolles und Wertvolles ich mich
die ganzen Jahre betrogen hatte. Ich begann, meine Frauenfreundschaften zu genießen und mich an ihnen zu erfreuen,
und ich war erstaunt, wie viel Unterstützung und Kraft mir
diese Freundschaften gaben.

Heute gebe ich dieses Wissen um die (heilige) Verbindung
von Frauen in meinen Büchern und Seminaren weiter, und es
ist für mich ein großes Wunder, welch ein Schatz hinter der
Wunde meiner Mutter-Tochter-Beziehung gelegen hat. Wenn
ich ganz ehrlich bin, wird mir das durch das Schreiben dieser
Zeilen erst so richtig bewusst. Du siehst, liebe Leserin, dieses
Buch ist nicht nur für dich eine Reise, sondern auch für mich.
Wie schön, dass wir den Weg gemeinsam gehen.

Was ist deine Mutterwunde?

Frauen- und Mutterthemen

Dieses Buch hat nicht den Anspruch, psychologischen Rat zu geben. Auch kann ich dir keine konkreten Lösungen für Konflikte mit deiner Mutter anbieten. Das, was meine Zeilen bezwecken, ist, dich zu erinnern, dir etwas aufzuzeigen, denn dein Frausein begann mit deiner Mutter. Ich möchte dich ermutigen: Ganz egal, was du vielleicht Beängstigendes mit deiner Mutter erlebt hast, gehe, mache dich auf, und entdecke den Schatz dahinter. Du hast durch die Beziehung zu deiner Mutter ganz bestimme Gaben in dir entwickelt. Ich lade dich ein, sie dir und der Welt zu schenken. Dadurch erfährst du Heilung. Wenn du Hilfe brauchst, suche dir einen Therapeuten, einen Coach deiner Wahl, der dich unterstützt.

Im Folgenden möchte ich dir aufzeigen, wie verschieden die Verbindung zur Mutter sein kann. Die unten stehenden Beispiele wurden mir von vielen, vielen Frauen erzählt, die ich für dieses Buch interviewte. Die Namen der Frauen wurden zu ihrem Schutz geändert.

Hier ist das, was Frauen in der Beziehung zu ihrer Mutter erlebten:

»Ich wollte nie so werden wie sie …«
(Sylvia, 38)

»Der gruseligste und zugleich heilsamste Moment ist, wenn man erkennt, wie ähnlich man ihr ist.«
(Helga, 52)

»Früher war ich komplett distanziert und unnahbar, und heute empfinde ich ganz viel Liebe, Respekt, verbunden mit Bewunderung darüber, wie sie heftige Herausforderungen gemeistert hat! Meine Mama ist jetzt fast 100, und ich finde sie großartig!«
(Christine, 56)

»Meine Mutter hatte es sehr schwer. Sie fühlte sich nie verstanden und geliebt. Wir haben keine Herzverbindung. Sie geht einen schweren Weg der irdischen und karmischen Heilung. Möge Gott sie behüten.«
(Johanna, 47)

»In diesem Jahr war sie krank und sehr bedürftig. Seitdem habe ich endlich eine Beziehung zu ihr, weil sie mich emotional an sich herangelassen hat – was für ein Segen!!!«
(Nicole, 18)

»Als ich die Urne meiner Mutter vor vier Jahren zum Grab getragen und dann hinunter gelassen habe, war es, als ob all die Last, die ich schon von klein an für sie getragen habe, mit ihr in die Erde floss. Ich hätte danach vor lauter Kraft und Stärke Bäume ausreißen können.«
(Samantha, 37)

»Meine Mutter ist immer für mich da, wenn ich nicht weiter-
weiß. Sie ist meine beste Freundin, denn auf sie kann ich mich
immer verlassen. Sicher, wir haben auch einmal die eine oder
andere Auseinandersetzung, doch wenn es darauf ankommt,
ist meine Mutter immer da. Ich habe das Gefühl, sie würde
alles für mich tun. Das ist mir ein großer Halt im Leben. Ich
weiß auch, dass das nicht selbstverständlich ist, von meinen
Freundinnen hat das so keiner, da gibt es eher Stress mit der
Mutter.«
(Sylvia, 33)

»Ich habe während meiner Pubertät gedacht, ich sei adoptiert.
Sie müsste mich doch lieben. Als meine älteste Tochter geboren wurde, suchte ich mir eine Ersatz-Herzens-Mutter, weil
meine mit ihrem Erfolg beschäftigt war. Mit 53 Jahren wurde
meine Mutter schizophren, und ich habe das mit getragen in
Liebe. Dennoch ist unser Verhältnis immer noch distanziert.«
(Lisa, 51)

»Als meine Mutter vor sieben Jahren starb, war es schwer für
mich. Aber im Herzen bin ich auf ewig mit ihr verbunden.
Eine große Liebe, die nicht gelöst werden kann. Sie war der
gnädigste und liebevollste Mensch für mich. Danke, Mama.«
(Ulrike, 62)

»Ich stecke gerade in einer sehr schwierigen Phase. Alle Kind-
heits-Mutter-Thematiken sind auf einmal wieder da ... und
ich stelle fest, meine Ma war nie emotional erwachsen ... ich
habe mein Leben lang alles für sie getragen ... war eigentlich

immer eher in der emotionalen Mutterrolle ihr gegenüber …
aktuell habe ich den Kontakt zu ihr wieder abgebrochen, weil
es mich sonst zu sehr belastet und ich mich nicht liebevoll
abgrenzen kann … heute früh unter der Dusche hatte ich den
Gedanken, wie leicht es doch wäre, wenn sie im Jenseits wäre
und endlich mal aus dieser Perspektive sehen könnte, was
sie mir angetan hat … mir vielleicht sogar von dort mitteilen
könnte, dass sie es im nächsten Leben anders macht …«
(Heike, 34)

»Als ich 10 Jahre alt war, hat meine Mutter mich verlassen.
Es folgten Jahre der Zerrissenheit und des Kampfes um ihre
Aufmerksamkeit. Es gab bis vor ein paar Jahren immer wieder
Phasen, in denen Kontakt bestand, aber nur, weil ich zuließ,
dass sie mich emotional missbrauchte. Vor gut 10 Jahren brach
ich dann den Kontakt zu ihr komplett ab. Es brauchte viel Zeit
und Arbeit, bis ich verstand, dass sie es nicht besser wusste.«
(Christiane, 50)

»Meine Mutter war extrem jung, als sie mich bekam. Das
war auf der einen Seite cool, weil sie viel mit mir und meiner
Schwester gespielt hat. Auf der anderen Seite war es mir als
Schulkind eher peinlich, dass sie noch so jung und peppig aus-
sah. Ich wollte sie lieber wie eine hausbackene Mutter haben.
Deshalb habe ich mich mehr meiner Oma zugewandt, weil ich
einfach das Gefühl hatte, sie war wie eine Mama und meine
Mutter eher wie eine Schwester …«
(Betty, 42)

»Sie betont oft, wie viele Welten doch zwischen uns liegen – und das ist auch leider so. Ich war ihr nie wirklich nah – und sie mir auch nicht. Die schönste Erinnerung, die ich an sie habe, ist die, dass sie mir während meiner ersten Schwangerschaft mittags Reibekuchen gebacken hat … einige Male – ich fühlte mich geborgen.«
(Simone, 58)

»Ein Erlebnis mit meiner Mutter, das ist zu wenig. Sie ist die Seele unseres Mehrgenerationenhauses. Jeden Tag kocht sie ein Mittagessen, das wir dann zusammen an ihrem Tisch essen. Mit Liebe gekocht. Und sie hat immer ein offenes Ohr und setzt sich zu jedem dazu, auch wenn die Kids erst spät aus der Schule kommen.«
(Mona, 32)

Nun sind wir am Ende dieser Station unserer Reise angekommen. Zeit, eine Pause zu machen. Ich biete dir hier eine innere Reise zur Urmutter an. Sie ist sehr hilfreich, wenn du die Liebe deiner Mutter in deinem Leben vermisst hast. Auch wenn du gerade keine Verbindung zum Fluss des Lebens spürst, ist diese Reise gut für dich. Folge einfach deinem inneren Ruf.

MEDITATION:
REISE ZUR URMUTTER

Nimm dir eine Auszeit von mindestens 30 Minuten. Ziehe dir bequeme Kleidung an, sodass du dich wohlfühlst. Du kannst diese innere Reise an einem stillen Ort deines Wohnraums unternehmen oder in der Natur. Gerade an einen Baum gelehnt, kann die Reise zur Urmutter besonders stark erlebbar sein, so meine Erfahrung. Doch jeder Ort, an dem du nicht gestört wirst, ist in Ordnung. Denke daran, dass auch ein Handy, Telefon oder deine Liebsten störend sein können. Sorge gut für dich, und sage allen Bescheid, dass du für einen Moment alleine sein möchtest. Vielleicht möchtest du eine Kerze entzünden oder mit Räucherwerk einen gewissen Duft verströmen lassen. Schön ist auch, wenn du dir eine ruhige, fließende Musik anstellst. Oder falls du in der Natur bist, lasse die Vögel für dich singen, lausche dem Rauschen des Windes …
Du kannst sitzen oder liegen. Folge einfach deinen Impulsen, du weißt, was gut für dich ist. Schließe deine Augen, und lausche eine Weile deinem Atem, wie er kommt und geht. Entspanne dich, und lasse dich fallen.

Stelle dir nun vor, wie du mit deinem Bewusstsein ein paar Meter aus deinem Körper hinausschwebst. Du siehst dich nun von oben. Betrachte dich liebevoll, wie du liegst oder sitzt. Bitte nun dein Bewusstsein, in die Höhle, an den Ort deiner Urmutter zu fliegen. Lasse dich füh-

ren, dein Bewusstsein weiß, wo alles zu finden ist. Wenn du dort angekommen bist, lasse
dein Bewusstsein sich herniedersenken. Schaue,
wo du gelandet bist. Meist ist es ein Eingang zu einer Höhle
oder ein Weg in das Innere des Erdreichs. Was sich auch zeigt,
es ist genau richtig. Schaue dich nach dem Feuer um, denn
dort findest du die Urmutter. Oft steht sie am Feuer und rührt
etwas in einem großen Kessel. Setze dich zu ihr, sie hat etwas
für dich vorbereitet, ein paar Kissen, eine kuschelige Ecke …
Nimm deinen Platz ein, und schaue dich um. Schaue der
großen Mutter in die Augen. In ihnen findest du alle Liebe
der Welt und eine große Weisheit. Lausche dem knisternden
Feuer, und nimm wahr, wie du dich in der größtenteils dunklen Höhle fühlst. Die Urmutter ist der Anfang und das Ende

der Welt, der Ort der Antworten und des Ausruhens von den Mühen des Lebens. Du bist eingeladen, dich an diesem Ort vollständig hinzugeben und dich erneuern zu lassen. Schaue, was geschieht. Nimm mit allen Sinnen wahr. Vielleicht nimmt dir die Urmutter deine Kleider ab und schenkt dir ein neues Gewand … Fast immer kocht sie eine nährende Mahlzeit für dich. Sei dir bewusst, dass dies Nahrung aus einer anderen Welt ist, die vieles zu bewirken vermag. Wenn nötig, bitte die Urmutter, dass sie sich zu dir setzt und dich eine Weile hält. Alles ist erlaubt. Verweile bei ihr, und begib dich in ihre Kraft der Erneuerung. Sie wird dich rückverbinden mit dem Urquell selbst …

Wenn du das Gefühl hast, dass du lange genug bei der Urmutter verweilt hast, dann mache dich auf den Rückweg. Du erkennst es daran, dass du in tiefem Frieden bist. Bedanke dich bei der Urmutter, und schaue, ob sie dir noch etwas Symbolisches in deine Hände legt. Oft gibt sie dir etwas, was du für deinen Weg gut gebrauchen kannst. Schwebe nun wieder mit deinem Bewusstsein hoch hinaus. Es geschieht, wenn du es beschließt. Fliege zu deinem Körper, und lasse dein Bewusstsein langsam wieder in ihn hineinsinken. Wenn du bereit bist, öffne behutsam deine Augen, recke und strecke dich, und komme wieder ganz bei dir an. Lasse dir die Zeit, die du brauchst.

Wenn du ganz da bist, möchtest du vielleicht dein Erlebtes aufschreiben, so kannst du dich immer wieder an deine Reise erinnern.

Schwester – Rivalin oder Verbündete?

Bei meinen Recherchen zu diesem Kapitel las ich in einem Artikel der Huffington Post:

> »Schwestern können deine beste Freundin oder dein schlimmster Feind sein (abhängig vom Tag und Streit). Ob ihr rumhängt oder ausflippt – eine Schwester zu haben, mit der man das zusammen machen kann, macht alles viel lustiger.«[*]

Die Schwesternschaft ist eine Welt für sich. Wenn ihr zusammen aufgewachsen seid, kommen dir sicher einige der folgenden Situationen bekannt vor: Wenn du Quatsch gemacht hast, lässt sich das vor ihr nicht verbergen. Deine Schwester weiß alles von dir. Ihr tauscht beliebig Klamotten miteinander, leiht und vererbt sie einander oder bewacht sie eifersüchtig. Du musst sie nie in deine komplizierten Familiengeschichten einweihen, denn sie hat sie mit dir erlebt. Ihr teilt euch denselben komplizierten Nachnamen. Was immer auch geschieht, ihr braucht euch nur einen Blick zuzuwerfen, und ihr wisst, was die andere denkt …

---

[*] www.huffingtonpost.de/alanna-vagianos/schwester-geschenk-eltern-beste-freundin_b_11870842.html (Stand: 09.02.2018)

Wenn ich diese Zeilen auf mich wirken lasse, macht es mich traurig. Ich habe auch eine Schwester. Doch das, was ich hier aufgeführt habe, konnte ich mit ihr nicht erleben. Unsere Schwesternschaft war wie bei vielen geprägt von Neid, sonderbaren Machtkämpfen und einer Art Hassliebe.

Meine Schwester ist acht Jahre älter. Ich durfte mir als zweites Mädchen in der Familie wesentlich mehr erlauben, als sie es in meinem Alter durfte. Bei ihr waren unsere Eltern wesentlich ängstlicher und vorsichtiger. Deshalb kam es, dass sie versuchte, mich zu dominieren, sobald die Eltern aus unserem Sichtfeld verschwunden waren. Das stärkte unsere Liebe nicht gerade.

Um ehrlich zu sein, waren wir beide sehr unterschiedlich. Wie Feuer und Wasser. Bis heute ist das so. Ich wünschte mir immer eine richtige Schwester, mit der ich innig allerlei Quatsch machen konnte. Oder noch besser: einen großen Bruder. Ich stellte mir vor, wie dieser mich bei allem beschützen würde …

Schwestern – zwischen Neid und Verbundenheit

Nie hatten wir ambivalentere Gefühle als unserer Schwester gegenüber. Wir lieben sie, um sie im anderen Moment peinlich zu finden. Wenn sie eklig zu uns ist, hassen wir sie, und ganz oft bewundern wir sie für all das, was sie ist. Vielleicht haben wir schon heimlich ein Loch in ihr Lieblingskleid geschnitten, wenn wir sie für etwas bestrafen wollten. Aber wehe, wenn irgendjemand Böses über sie erzählt, dann können wir zur Furie werden und verteidigen sie wie eine Löwin. Die Geschwisterliebe unter Schwestern kann unzählige Formen annehmen: Liebe, Hass, Neid, Rivalität, Bewunderung, Verbundenheit, manchmal auch Gleichgültigkeit … Eines kann man jedoch mit Sicherheit sagen: Die Beziehung zwischen Schwestern ist etwas ganz Spezielles. Sie ist, neben den Eltern, oft die längste Beziehung in unserem Leben. Schwestern haben meist ihre ganze Kindheit zusammen verbracht, sie haben alles miteinander geteilt, sind gemeinsam durch Kindergartenzeiten und Pubertät gegangen, haben miteinander gespielt und gestritten. Und das prägt, egal, ob kleine Schwester, große Schwester oder sogenanntes »Sandwich-Kind«.

Facetten der Schwesternschaft

Als ich Frauen gefragt habe, wie sich ihre Beziehung zu ihrer
Schwester gestaltet, gab es viele unterschiedliche Aussagen. Da
gibt es symbiotische Beziehungen unter Schwestern, Bindungen, die fast unzertrennlich sind. Es gibt eher schwierige Be
ziehungen, die geprägt sind von Neid und Eifersucht. Bei manchen herrscht Gleichgültigkeit, da man sehr unterschiedlich ist
und sich nichts zu sagen hat. Oder man ist zerstritten mit der
Schwester, und es schmerzt, wenn man an sie denkt. Zumeist
hörte ich von sehr gesunden Schwesternverbindungen, die
Raum für das eigene Leben geben und bei denen man sich der
Schwester doch sehr nahe fühlt und vieles miteinander teilt.
Wie die Beziehung zur eigenen Schwester auch aussehen

mag, sie ist prägend für unser ganzes Leben. Hast du auch eine Schwester? Wie erlebst du die Beziehung zu ihr? Welche Rollen nehmt ihr im Leben der anderen ein? Welches war dein vorherrschendes Gefühl in eurer Kindheit? Und wie erlebst du eure Beziehung jetzt als Erwachsene? Kannst du alles so annehmen, wie es ist, oder möchtest du gerne etwas ändern? Denkst du über diese Fragen einmal nach, erfährst du eine Menge über dich selbst.

Das ist, was einige Frauen mir über die Beziehung zu ihrer Schwester erzählten. Zur Sicherung der Privatsphäre wurden die Namen geändert:

»Wir sind drei Schwestern. Als Kinder waren wir wie Hund und Katz, haben viel gestritten. Heute sind wir zwar sehr verschieden, aber wenn Not an der Frau ist, halten wir zusammen und sind füreinander da.«
(Carmen, 36)

»Als Schwestern haben wir in unserer Kindheit von Seiten unserer Eltern viel Gewalt erfahren. Wir haben nach den Attacken immer versucht, uns zu trösten. Die Schläge, die meine Schwester von meinem Vater abbekam, habe ich körperlich gespürt. Wir haben immer zusammen geweint und uns im Bett aneinandergekuschelt. Bis heute haben wir eine tiefe Bindung und unterstützen uns gegenseitig in allen Bereichen des Lebens.«
(Jasmin, 39)

»Meine Schwester und ich waren nur Rivalinnen. Ständig wurde um etwas gekämpft. Sie verpetzte mich bei meinen Eltern, und ich musste als ältere Schwester auf sie aufpassen. Sie hing mir immer am Rockzipfel. Das hat mich sehr angenervt. Unsere Beziehung war nie ehrlich, ich musste stets vorsichtig sein und habe mich von ihr nicht geliebt gefühlt.«
(Christine, 42)

»Meine Schwester und ich haben nur ein Jahr und drei Monate Altersunterschied, zwei Mittelkinder eingerahmt sozusagen von zwei Brüdern. Als Kind habe ich uns teilweise als ein Wesen wahrgenommen. Wir sind wirklich völlig verschieden, aber dennoch irgendwie eins …«
(Maren, 46)

»Meine ältere Schwester starb mit 47 an Krebs, wir haben uns nie wirklich richtig gut verstanden … Sie hatte eine stärkere Verbindung mit unserer Mutter, ich ging so weit weg, wie ich konnte … Nachher fand ich heraus, dass uns ein gemeinsam erlebtes Trauma verband und wir uns durch diesen Abstand zueinander vor dem Erinnern schützten, ich habe es für mich aufgedeckt … Ich bin gesundet aus einigen sogenannten chronischen Krankheiten heraus … und begreife diese Mechanismen immer mehr … Ich bin quasi mit heiler Haut davongekommen. Dafür bin ich sehr dankbar … in erster Linie mir, weil ich nie aufgehört habe, zu suchen und ›anders‹ zu sein, und ihr, weil sie mir den anderen Weg gezeigt hat.«
(Sonja, 56)

»Wir sind Zwillingsschwestern, und das ist wirklich eine ganz eigene Welt, auch unter Geschwistern. Früher haben wir allen Menschen Streiche gespielt, denn man konnte uns unmöglich auseinanderhalten, da wir eineiige Zwillinge sind. Das war sehr lustig, und es hat uns verbunden. Sogar jetzt noch erlauben wir uns manchmal diesen Streich und lachen hinterher immer herzlich. Wir achten auch darauf, uns äußerlich immer nahe zu sein, wir tragen dieselben Frisuren, oft auch ein ähnliches Outfit. Ich liebe es, Zwillingsschwester zu sein und eine zu haben.«
(Lena, 27)

»Wir sind fünfeinhalb Jahre auseinander, und seit meinen jugendlichen Jahren wie Arsch und Hose. Wir sind sehr eng miteinander verbunden. Es gibt natürlich Höhen und Tiefen. Und auch mal Zeiten, wo man sich nicht gerne sehen will. Aber trotzdem ist da eine starke Verbindung, die nichts zerreißen kann. Wir sind immer füreinander da. Auch unsere harte Kindheit hat uns hier sehr geprägt und uns zusammengeschweißt.«
(Manuela, 44)

»Ich habe eine sechs Jahre jüngere Schwester. Unsere Beziehung war nie gut. Das hat sich bis heute nicht geändert. Wir können miteinander reden, aber ich habe überhaupt kein Bedürfnis danach. Wir sind meiner Meinung nach zu verschieden, und es gibt zu viele alte nicht verarbeitete Baustellen. Mit meiner Mutter ist es das Gleiche.«
(Heike, 32)

»Wäre die Liebe meiner Schwester nicht gewesen, hätte ich mich nie daran erinnert, wer ich wirklich bin. Sie war mir viel mehr eine Mutter und Vorbildfunktion als meine leibliche Mutter. Wir sind sehr tief verbunden bis heute. Ich spüre, wenn es ihr schlecht geht, und umgekehrt.«
(Laila, 39)

ÜBUNG: GEGENÜBER

Dieses Kapitel zu schreiben, hat auch für mich bedeutet, mich noch einmal mit meiner Schwester auseinanderzusetzen. Gefühle von Trauer, aber auch das Eingeständnis, dass »es ist, wie es ist«, kamen in mir hoch.

Ich möchte dir an dieser Stelle eine hilfreiche Übung vorstellen, die du machen kannst, wenn du dich in der Beziehung zu deiner Schwester unwohl fühlst. Besonders hilfreich ist diese Übung, wenn du unausgesprochene Gefühle für deine Schwester spürst und nicht weißt, wie du sie kommunizieren sollst. Natürlich kannst du die Übung auch mit jedem anderen Menschen deiner Wahl machen.

Stelle dir vor, dass du deine Schwester zu einem Tee einlädst, um mit ihr über ein Thema zu sprechen, das dir nicht leichtfällt. Vielleicht hast du schon lange geschwiegen, aus Angst, nicht verstanden zu werden, oder aber das Thema ist so schwierig zwischen euch, dass du dir zum jetzigen Zeitpunkt kein »echtes« Gespräch mit deiner Schwester vorstellen kannst. Sorge dafür, dass du ungestört bist, denke bitte auch daran, dein Handy stummzuschalten.

Zu einem festen Zeitpunkt deiner Wahl hast du nun also eine Verabredung mit deiner Schwester. Stelle zwei Stühle bereit, und wenn du möchtest, koche wirklich einen Tee, und decke den Tisch mit zwei Tassen ein. Natürlich lädst du deine Schwester nicht wirklich ein, tue so als ob. Zum vereinbarten Zeitpunkt gehe zur Tür, bitte deine (unsichtbare) Schwester herein, lasse sie dir gegenüber auf dem Stuhl Platz nehmen, und schenke ihr Tee ein.

Es ist so, als wäre sie wirklich da, nur mit dem Unterschied, dass du nun all das sagen kannst, was du in ihrer Gegenwart sonst immer zurückgehalten hast. Stelle dir vor, wie sie dir gegenübersitzt, und beginne, ihr deine Sorgen und Befürchtungen zu erzählen. Schaue sie dabei an, und traue dich, alles geschehen zu lassen, was durch dich kommen will. Nimm dir dabei so viel Zeit, wie du brauchst.

Wenn du das Gefühl hast, alles gesagt zu haben, was dir wichtig ist (du spürst es daran, dass du dich erleichtert und im Herzen in Frieden fühlst), dann spüre deinen Worten noch einmal nach. Wie geht es dir jetzt? Wie fühlt sich dein Körper an? Wenn du nun an deine Schwester denkst, haben sich deine Gefühle zu ihr verändert?

Nachdem du dem Raum in dir nachgespürt hast, wechsele den Stuhl. Du sitzt jetzt auf dem Stuhl, auf dem eben noch deine Schwester »gesessen« hat. Nimm nun die Position deiner Schwester ein, fühle dich in sie ein, lausche ihren möglichen Antworten. Lasse sie nun durch dich sprechen. Es kann auch sein, dass du fühlst, dass keine Worte kommen – auch das ist in Ordnung. Wenn du spürst, dass alles »gesagt« wurde, nimm deinen eigenen Platz wieder ein. Bedanke dich bei deiner Schwester, begleite sie hinaus, und verabschiede dich.

Die Übung ist nun beendet, und ich lade dich ein, das Erlebte aufzuschreiben und noch einmal in dich hineinzuspüren. Wie geht es dir jetzt?

Sei dir gewiss, dass dies nicht nur irgendeine Übung ist. In gewisser Weise wurdest du »gehört«. Wundere dich nicht, wenn etwas Ungewohntes geschieht, deine Schwester auf einmal anruft, sich ein Streitthema einfach in Luft auflöst oder Ähnliches. In Wirklichkeit wird alles von allem berührt und steht miteinander in Wechselwirkung.

Wichtig ist, dass du alles, was zu dieser Übung gehört, nicht in Gedanken abspielst, sondern es so tust, als ob deine Schwester wirklich da wäre. Sprich deine Worte laut aus. Du wirst sehen und spüren, welch eine große Wirkung das auf dich und die Geschehnisse hat.

Ich wünsche dir viel Freude mit deinen Erfahrungen.

Das Universum der Freundinnen

Wir tauchen nun in das Universum der Freundinnen ein, in die Welt der Busenfreundinnen, der Freundschaften unter Frauen. Eine ganz eigene Welt voller scheinbarer Widersprüche. Komm mit mir, ich lade dich ein. Diese Welt ist bunt und vielfältig. Ich habe sie erforscht und viele Frauen und Psychologinnen dazu befragt.

Und hier ist sie nun, meine erste Erkenntnis:

Frauenfreundschaften sind unheimlich eng und nah –
dafür haben sie aber umso mehr Konfliktpotenzial.

Frage einmal einen Mann, was er davon hält, wenn du ihm
von deinen Problemen mit deiner Freundin berichtest. Wahrscheinlich wirst du nur ein verständnisloses Kopfschütteln
ernten! Was Frauen untereinander beschäftigt und zusam-
menhält, ist Männern ein vollkommenes Rätsel. Sie halten uns
schlichtweg für außerirdisch.

Freundinnen nennen sich »BFF«, das heißt »Best Friends
forever«, sie folgen einander bis auf die Toilette – wer kennt
das nicht? – und erzählen sich alles, sogar intimste Details.
Sie halten zusammen wie Pech und Schwefel und sind immer
und überall füreinander da. Wer wünscht sich nicht solch
eine BFF? Wenn da nicht eine Sache wäre, die mir in meinen
Forschungen immer wieder über den Weg gelaufen ist: Frauen
gehen Konflikten mit einer Freundin gerne aus dem Weg, statt
Tacheles zu reden. Doch das schürt das Konfliktpotenzial nur
noch, und neue Konflikte sind vorprogrammiert.

Warum ist das so?

Freundin – Spiegel deiner Mutterbeziehung?

Ich weiß aus eigener Erfahrung, wie es ist, sich zu verbiegen, um an einem perfekten Bild von der tollen BFF festzuhalten, aus Angst, die Freundschaft wäre sonst vorbei. Eine Beendung der Freundschaft hätte mich daran erinnert, wie sehr mich meine Mutter in meinem Erleben verlassen hatte, und dies konnte ich nicht aushalten. Stattdessen schwieg ich und schluckte das, was mir nicht passte, herunter. Es sollte doch immer so schön sein, wie es einmal war! Ich belog mich selbst, und natürlich kam der Tag, an dem sich die unausgesprochenen, verletzten Gefühle durch eine Kleinigkeit Bahn brachen und es wirklich nicht mehr weiterging. Wir gingen nach diesem Knall getrennte Wege, und ich war noch viel verletzter und enttäuschter, als ich es gewesen wäre, wenn ich die Dinge von vornherein klar und deutlich beim Namen genannt hätte.

Von der besten Freundin ERWARTEN wir das, was uns eigentlich unsere Mutter geben sollte. Wir werfen auf unsere Freundin unsere Projektionen, unser Verlangen nach Genährt-Werden, Verstanden-Werden, Umsorgt-Werden, Gesehen-Werden, Geliebt-Werden … und verlangen das alles aufopfernd zu allen Tages- und Nachtzeiten! Und wenn sie uns das nicht geben kann, schmollen wir, ziehen wir uns vielleicht zurück, sind enttäuscht … aber wir haben nicht den Mumm, es klar auszusprechen, uns mit unseren Gefühlen mitzuteilen, aus Angst, unsere beste Freundin zu verlieren. Denn wir brauchen sie ja … dieses Konstrukt »beste Freundin« muss um jeden Preis aufrechterhalten werden, denn was sollen wir ohne sie machen? Ohne sie … das ist ein Schmerz, den wir kaum auszuhalten vermögen, erinnert er uns doch an unsere tiefsten Wunden.

Eine Freundin soll uns bitteschön all das schenken, wozu die Mutter nicht fähig war. Die Freundin darf uns nicht einfach verletzen, sie hat immer für uns da zu sein, sich für uns zu opfern, ohne zu klagen. Sie muss uns all die bedingungslose Liebe schenken, die wir als Kind entbehrt haben, nicht klagen, sondern uns aufbauen und nähren.

Häufig entdeckte ich in den Geschichten von Frauen den Anspruch, mit der Freundin zu verschmelzen, sich ohne Worte zu verstehen. In diesen Geschichten zeigen sich Freundinnen ohne Masken, verletzlich und bedürftig, immer mit dem Anspruch, dass dies niemals ausgenutzt wird, um zu verletzen. Also wird in ihren Gesprächen lieber um den heißen Brei geredet, denn schließlich hat man miteinander die unausgesprochene Vereinbarung, sich niemals wehzutun. In diesen Geschichten wird versucht, eine Welt für die Freundin zu bereiten, die wie ein Nest anmutet, ein Ausruhen von den Mühen der Welt und ein aufopferungsvolles und bedingungsloses Nähren der Freundin.

Häufig scheitern solche Freundschaften aufgrund von zu hohen Ansprüchen und weil man sich nicht traute, auch einmal

Nein zu sagen. Viele Frauen lassen eine Freundschaft sogar lieber langsam »einschlafen«, als klar und ehrlich miteinander zu reden! Kein Wunder, dass solch ein Konzept oft unweigerlich scheitern muss …

Ich möchte dir, liebe Leserin, einen Brief mit auf den Weg geben, den meine liebe Freundin Susanne Hühn einmal an eine ehemalige Freundin schrieb und den sie mir für dieses Buch zur Verfügung stellte. Wenn du ihn liest, wirst du verstehen, was gemeint ist, denn er legt wunderbar dar, was eine Frauenfreundschaft ausmacht, was sie eigentlich benötigt:

»Eine Freundschaft ist kein Selbstbedienungsladen, der die Härten des Lebens ausgleichen soll, sondern ein Raum, in dem Freiheit, Freude und Gemeinsamkeiten geteilt werden können und dürfen. Wenn ich wirklich ein Ohr brauche, dann gehe ich zu meiner Therapeutin und bezahle sie dafür. Mit dir, meiner Freundin, gehe ich lieber tanzen und freue mich an deiner, an unserer Freude. Selbstverständlich reden wir über vieles und schenken uns ein offenes Ohr – aber auch offene, klare Worte. Dennoch möchte ich Gespräche über die Härten des Lebens nicht mehr als Grundlage für meine Freundschaften haben. Ich bin nie wieder ein Mülleimer, und ich bin keine Therapeutin. Ich will Freude teilen, nicht andere nähren.

Ich will sagen dürfen: ›Ich sehe dich in deinem Schmerz, und ich lasse deines bei dir, du hast mein volles Mitgefühl, und ich kann dir dennoch im Moment nichts dazu sagen‹, und es darf gut sein. Ich werde es nicht oft sagen. Aber ich will es sagen dürfen. Genauso bin ich bereit, mich zurückweisen zu lassen, auch wenn ich gerade sehr bedürftig bin, ich weiß, du tust es nicht aus mangelnder Liebe zu mir, sondern aus Liebe zu dir, weil du gerade etwas anderes brauchst. Ich will mich dafür öffnen, jederzeit die Hilfe zu bekommen, die ich brauche, aber ich will nicht darauf bestehen, dass sie von dir kommen muss, genauso wie ich dir nicht jederzeit zur Verfügung stehen will. Ich freue mich auf das, was ich von dir oder von euch lernen darf. Besonders aber freue ich mich auf das Lachen.«

Berühren dich diese Zeilen auch so sehr? Wie steht es um deine Verbindungen zu deinen Freundinnen, und traust du dich, Dinge klar anzusprechen, die dich stören? Was muss eine BFF für dich erfüllen? Was darf gar nicht sein?

Als mir Susanne schrieb, dass sie mir den Brief an ihre ehemalige Freundin für mein Buch zur Verfügung stellen würde, war ich tief berührt, denn sie schrieb zugleich, wie sehr sie unsere Freundschaft schätzte. Was für eine schöne Liebeserklärung, dachte ich. Genau in diese Richtung sollten sich meine lieben BFFs entwickeln. Es war einfach nur wunderschön und frei. Mit Susanne habe ich intensiven Austausch über alles, was uns bewegt. Wir sind füreinander da, ohne etwas zu verlangen. Schon oft haben wir über das Thema »Freundinnen« gesprochen und noch öfter über das Thema »Frauen«. Ich bin sehr dankbar, dass es Susanne in meinem Leben gibt, wir berühren uns gegenseitig, wachsen und lernen voneinander.

Sehr gerne möchte ich auch diesen Brief mit dir teilen:

»Liebste Lilia,

[…] unsere Freundschaft ist nicht romantisch, nicht geprägt von Sehnsüchten und Projektionen. Ich sehe dich. Du siehst mich. Wir sehen unsere Schatten. So what? Ohne dich hätte ich meine Pferde nicht, und du bist mir eine wunderbare, vollkommen ehrliche und aufrichtige Gefährtin. Ich kann bei dir immer ehrlich sein, genau sagen, was ist, und du bist nicht abhängig von mir. Du verstehst mich und meine oftmals komplexen, komplizierten inneren Vorgänge. Du weißt, was ich meine, wenn ich über meine Seele spreche und darüber, wie gern ich hier bin und wie schwer es doch manchmal ist. Wir teilen sogar die Erfahrung der Selbsthilfegruppen, und das ist mir sehr, sehr wertvoll. Dir geht es genauso, wir schwingen tatsächlich gleich, ohne uns verbiegen zu müssen. Und schwingen wir einmal unterschiedlich, dann können wir es gut so stehen lassen. Wir brauchen uns, aber eher als Gefährtinnen, nicht als Mülleimer oder als Kuschelkissen. Wir müssen beim anderen keine Defizite ausgleichen, sondern wir sind auf Augenhöhe füreinander und für die Tiere da. Wir schauen in die gleiche Richtung, kleben nicht aneinander fest. Ich habe in dir eine Gefährtin, auf die ich mich verlassen kann, weil du wie ich auch Nein sagen kannst. Du wirst mir immer sagen, was du wirklich fühlst, was du siehst, ich darf deine großartige Weisheit erleben, und ich darf dich berühren. Niemals erlebe ich dich urteilend, weder in Bezug auf mich noch auf andere, sondern immer nur zutiefst ehrlich und schmerzhaft aufrichtig. So bin ich auch, und wir können, gerade weil wir so aufrichtig sind, echten Spaß miteinander haben, wirklich lachen, wahre Freude teilen.

Ich danke dir von ganzem Herzen, dass wir uns begegnet sind, nein, das war nicht romantisch. Das war geführt, es ging nicht anders. Du hast mich in einer sehr dunklen Stunde abgeholt und mir einen Weg gezeigt, meinen Weg zu den Pferden. Mehr brauchst du nie mehr für mich zu tun, damit hast du jeden Kredit, den ich nur geben kann.

Deine Susanne«

Die Kraft von Freundinnen – gemeinsam sind wir stark

Freundinnen – ein riesiges Universum, in dem alles möglich ist: die größte Liebe, doch leider auch die größte Verletzung. Weil wir uns so nah sind, so ähnlich in unseren Bedürfnissen. Weil wir uns so sehr kennen und erkennen. Meine Freundin ist ja auch eine Frau, verletzlich wie ich, mit Männerthemen und Mutterthemen – und eben manchmal Freundinnenthemen.

Meine Freundinnen – ich liebe sie und wertschätze sie unendlich. Das war nicht immer so. Meine Gedanken wandern zurück in eine Zeit, als ich noch jung und nicht so bewusst war. In mir lebten diese verdammten Mutterthemen, Mutterwunden. Und unbewusst – oder auch bewusst – wollte ich andere Frauen dafür bluten lassen. Wenn da eine kam, die nur den Anschein machte, dass sie ein Konkurrenzding mit mir am Laufen hatte, fuhr ich alles auf, um ihr zu zeigen, dass ich gewinnen würde. Natürlich ging es um einen Mann – bei so etwas geht es immer um einen Mann! Das ist die schmerzhafteste Wunde, die wir Frauen haben, gespeichert seit Millionen von Jahren: »Nimmst du mir meinen Mann weg, sterbe ich.« Das stammt aus jener Zeit, in der wir Frauen das Feuer und die Kinder hüteten, und die Männer unsere Nahrung beschafft haben. Ohne Mann kein Schutz, keine Versorgung. Und das lebt immer noch in uns, so tief, dass es scheint, wir haben es vergessen. Doch wehe, dieses Gefühl wird aktiviert, dann ist alles wieder da, auch wenn wir es meist nicht verstehen.

Heute schäme ich mich für meine damalige Vorgehensweise als Konkurrentin, doch damals entsprach das sehr oft meiner Erfahrung mit Frauen. Vielleicht kommt dir das bekannt vor.

Ich liebe meine Freundinnen! Sie sind ein unendlich wichtiger Bestandteil meines Lebens. Einer, der mich glücklich macht und bei dem ich mich zutiefst aufgehoben und mit dem ich mich verbunden fühle. Und wäre das nicht so, würde ich nicht dieses Buch schreiben. Frauen haben mich dazu inspiriert. Meine Freundinnen und all das, was sie mir schenken.

Vor einem Jahr habe ich Frankreich als meine neue Heimat gewählt, und was ich am meisten vermisse, sind meine Freundinnen. Ich richte es so ein, dass wir uns immer wieder sehen, entweder fahre ich nach Deutschland oder sie kommen zu mir ins Burgund. Meinen Freundinnen bin ich auf eine ganz eigene Art und Weise nah. Sie bereichern mein Leben, sie sind mir Stütze und Halt. Und doch werfe ich auf sie nicht meine Probleme, ich lasse sie frei, und in dieser Freiheit begegne ich ihnen. Und natürlich gibt es auch einmal Auseinandersetzungen. Wichtig ist, anzusprechen, was einen bewegt. Manchmal dauert es, doch es muss getan werden. Manchmal kommt einem eine solche Freundschaft vor wie eine Ehe: in guten und in schlechten Tagen. Das erfordert, radikal ehrlich zu sein, in erster Linie uns selbst gegenüber. Wenn das gelingt, dann kann das Beste-Freundinnen-Konstrukt zu einer tiefen, wahrhaftigen Erfahrung werden. Dafür stehe ich. Dafür brenne ich.

In diesem Feld der gegenseitigen Verbindung unter Frauen, wo vieles geteilt wird, erfahren wir Heilung und Wachstum. Das wünsche ich dir von ganzem Herzen.

Liebe Leserin, wie gerne würde ich jetzt mit dir in einem Café sitzen und mit dir über deine Erfahrungen mit Freundinnen reden. Ich würde dir gerne zuhören, und vielleicht würde ich nicken oder das eine oder andere einwerfen …

Ich stelle mir vor, wie meine geschriebenen Sätze bei dir ankommen und was sie mit dir machen. Werden sie dich bewegen? Auf diese Weise gehen wir eine Verbindung ein, tauschen uns aus – ich durch meine Zeilen und du durch deine Gedanken. Über Zeit und Raum, das gefällt mir …

RITUAL:
SEELENSCHWESTER WERDEN

Wenn du eine Freundin hast (oder mehrere) und mit ihr eine tiefere Verbindung eingehen möchtest, zeige ich dir hier ein schönes Ritual, in dem ihr euch gegenseitig eure Verbundenheit und Unterstützung zusichert.

»Ich sehe dich!« ist hierbei einer der wichtigsten Sätze und ein Geschenk für deine Freundin. Egal, wie sie ist, was sie getan hat … wenn sie dir wichtig ist, mache ihr dieses Geschenk der Anerkennung. Zeige ihr, dass du sie siehst, auch wenn dir nicht immer gefällt, was sie tut. Zeige deiner Freundin, dass es auch für dich wichtig ist, von ihr gesehen zu werden.

Immer, wenn du etwas anerkennst und würdigst bei einer anderen Frau, anerkennst und würdigst du dich selbst!

Bevor wir mit der Übung beginnen, möchte ich gerne folgenden Text mit dir teilen. Ich schrieb ihn in einer wichtigen Auseinandersetzung mit einer Freundin.

»Ich möchte dir sagen, ich sehe dich. Ich sehe dein verletztes Inneres Kind und dass deine Handlung auch ein stummer Schrei nach Verstanden-Werden ist. Ich sehe dich. Ich sehe, wie du versuchst, Dinge auszusprechen nach deiner Wahrheit, deinem Empfinden. Ich sehe auch meine Wahrheit. Ich sehe deine Geschichten, die dich geformt haben. Ich sehe, wie du ringst, stolperst, wieder aufstehst, ich sehe, wie du heimlich Tränen verdrückst, ich sehe, wie du versuchst, bemüht bist, und ich sehe auch, wo du abblockst und dein Herz verschließt, sodass manchmal keine Brücke mehr zu dir führt. Ich sehe dich. Ich fühle etwas in meinem Herzen, wenn ich dich so sehe. Es berührt mich. Es lässt mich nicht kalt. Auch wenn wir etwas zu klären haben, wenn ich mich nicht verstanden fühle, ist das nur ein Teil. Ich sehe auch den anderen, und ich sehe, dass wir uns doch in manchen Dingen ähnlich sind. Zwei Frauen auf dem Weg durchs Leben. Zwei Menschen mit ihren Werten, Vorstellungen, Gefühlen, Prägungen. Und welch ein Wunder es ist, dass wir uns doch begegnen. Und ich möchte mich nicht daran festhalten, was uns trennt, ich möchte meinen Blick darauf lenken, was uns vereint, wo wir gemeinsam lachen können und uns verbündet fühlen … einfach weil wir zwei Frauen auf dem Weg durchs Leben sind und uns irgendwie begegnet sind. Das hat einen Wert, das hat eine Bedeutung. Ich bin ein Teil deiner Welt und du ein Teil meiner. Es ist doch so, lasse uns das Beste daraus machen, das Beste aus unserer Begegnung. Und lasse uns auch das andere sehen, lasse uns sehen, dass wir uns achten. Dass wir uns alles an den Kopf knallen können, ehrlich, schonungslos, radikal … und doch miteinander weitergehen. Lasse uns nicht aufgeben. Denn das Leben weiß, warum wir uns über den Weg liefen. Das hat einen Sinn. Und den möchte ich entdecken. Ich möchte weitergehen, uns erforschen, ich will wissen, welchen Schatz du trägst, auch, wenn ich dich oft nicht verstehe. Doch manchmal verstehe ich dich so stark, dass mein

Herz brennt. Und das sind die Momente,
die Momente, für die es sich lohnt.

Da will ich dir meine Hand reichen, da will ich mit dir
weiterwachsen, und da möchte ich noch mehr von dir
verstehen. Und manchmal trifft es mich hart, was
du mit mir machst. Doch ich sehe dich, weißt du. Es
wäre alles anders, wenn ich dich nicht so sehen könnte,
mit dem, was du bist in deiner ganzen Größe und wie auch
du strauchelst. Aber weil ich dich sehe, bin ich bemüht und
reiche dir die Hand. Denn ich will mit dir wachsen, und ich
sehe die Kostbarkeit, die du aus dir heraus bist. Ich achte
das, und es ist mir wichtig, dir das zu sagen.«

Diese Zeilen sollen dir als Inspiration für das folgende Ritual
dienen. Du kannst dieses Ritual mit einer einzelnen Freundin
oder auch gerne in einem kleinen Kreis von Frauen machen,
die dir wichtig sind. Es geht dabei um deine Verantwortung
gegenüber deinem eigenen Frausein:

Setzt euch gegenüber, und macht es euch gemütlich. Lasst
leise eine ruhige Musik spielen, zündet eine Kerze an, und
kreiert einen heiligen Raum. Vielleicht zündet ihr auch ein
bestimmtes Räucherwerk an. Ich kann euch »Ambrosia«, den
Duft der Göttinnen, sehr empfehlen.

Atmet beide gemeinsam tief ein und aus. Reicht euch die
Hände, während ihr euch in einer lockeren, bequemen
Haltung gegenübersitzt. Schaut euch nun für ei-
nige Minuten tief in die Augen. Versucht,

euch gegenseitig wirklich zu erkennen, die Seele des anderen wahrzunehmen, die durch die Augen leuchtet.

Nach einiger Zeit beginnt eine von euch zu sprechen. Sage zuerst: »Ich sehe dich, Schwester.« Wichtig ist, diese Worte wirklich zu fühlen. Wenn du nichts fühlst, schweige. Alles ist möglich. Es gibt kein Richtig oder Falsch, nur den gegenwärtigen Augenblick.

Wenn es für dich stimmig ist, sprich weitere Worte, die aus deinem Inneren emporsteigen. Finde deine eigenen Worte, denn diese sind immer wahrhaftig. Fühle einfach in dich hinein, und lasse die Worte aus dir herausfließen.

Die folgenden Worte können dir eine Orientierung geben, wie solch ein Ritual gestaltet werden kann:

»Schwester, ich sehe dich. Ich bin von derselben Art wie du. Ich gehe den Weg meines Frauseins. Heute möchte ich vor der Großen Göttin kundtun, dass ich ab nun die volle Verantwortung für meinen Weg des Frauseins übernehmen werde, so gut es mir möglich ist. Ich werde tief in meinem Herzen schauen, was dies bedeutet. Ich achte und ehre das Weibliche in dir und in mir. Ich achte und ehre deinen Weg des Frauseins, der vielleicht anders ist als meiner und die sich doch ähnlen, denn wir sind beide Frauen auf dem Weg zu uns selbst. Und auf diesem Weg möchte ich eine Seelenschwester werden. Ich gebe mein Bestes in die

Welt und verspreche dir als meine Schwester, dich zu sehen und zu würdigen als ein weite-
rer, wundervoller Aspekt unseres Frauseins. Ich möchte
dich unterstützen und achten, von dir lernen und mit
dir wachsen. Ich schenke dir meine Weisheit und mein
Wissen, auf dass es im gegenseitigen Austausch reich
in die Welt hineinfließt zum höchsten Wohle aller.
Ich werde immer bei mir selbst beginnen und schauen.
Schwester, ich verbinde mich mit dir in all meiner Freiheit.
Ich bin du, und du bist ich, und alles, was ich für mich tue,
tue ich auch für dich. Danke.«

Nach einer kurzen Pause der Stille beginnt nun die Andere
zu sprechen. Lasst fließen, was aus euch hinaus möchte. Es
entsteht ein heiliger Raum.

Bitte bindet euch nicht durch irgendwelche Schwüre. Lasst
den Wind der Freiheit zwischen euch wehen, und seid euch
bewusst, dass ihr euch gegenseitig unterstützen werdet auf
eurem Weg und mit der Frage, was es bedeutet, Frau zu sein.
Sicher findet Ihr eure eigenen Worte, die euren Herzen ent-
sprechen. Hat jede von euch gesprochen, lasst euch etwas
Zeit, den neu kreierten Raum zu erfühlen. Es ist ein schöner
Abschluss, wenn ihr eine schöne Musik hört und dabei tanzt
und euch bewegt.

Schaut, was geschieht. Bedankt euch beieinander, löscht die
Kerze, und schließt den heiligen Raum wieder.

ÜBUNG:
DEIN BEZIEHUNGSKONTO

Dies ist eine wundervolle Übung, wenn du einmal eine ehrliche Bestandsaufnahme zum Thema »Geben und Nehmen« in der Beziehung zu deiner Freundin machen möchtest. In jeder Beziehung gibt bzw. nimmt mal der eine und dann wieder der andere. Gerät dieses Geben und Nehmen ins Ungleichgewicht, weil der eine immer nur nimmt und der andere nur gibt, kann eine echte, liebevolle Beziehung auf Dauer nicht funktionieren.

Natürlich ist es ab und an normal, dass mal einer mehr nimmt, weil man z.B. in einer Krise steckt. Das ist auch in Ordnung. Doch das universelle Gesetz des Lebens wird immer wieder einen Ausgleich vornehmen wollen.

Du kannst einmal selbst schauen, wie es um das »Beziehungskonto« zu deiner Freundin steht. Es geht nicht darum, etwas zu bewerten oder gar zu verurteilen, sondern nur um eine ehrliche Bestandsaufnahme.

Bitte nimm dir eine Auszeit von ca. einer halben Stunde, und sorge dafür, dass du nicht gestört wirst. Besorge dir ein leeres Blatt Papier und einen Stift, und setze dich an einen Tisch. Führe dir jetzt mit geschlossenen Augen die Beziehung zu deiner Freundin vor Augen. Spüre in dein Herz, und schaue, wie sich diese Beziehung anfühlt. Öffne dann die Augen, und male eine Art »Konto« auf das Papier. Links befindet sich das Minus und auf der rechten Seite sich das Plus.

Schreibe nun links alles auf, was du in der Beziehung mit deiner Freundin nicht gibst, wo du sie strapaziert hast, was du zurückhältst – und rechts, was du gibst, was du gut machst, was du ihr schenkst. Sei ehrlich zu dir selbst.

Links könnte z. B. stehen:

- Ich habe mich seit zwei Wochen nicht gemeldet.
- Ich antworte nicht auf ihre Nachrichten oder lasse mir Zeit zu antworten.
- Ich habe öfter dumme Bemerkungen gemacht.
- Ich habe mich nicht zurückgemeldet, als es ihr schlecht ging.
- Ich habe sie nicht in Schutz genommen, als eine andere Freundin schlecht über sie geredet hat.
- Ich halte den Kontakt nicht aufrecht.

Auf der rechten Seite könnte stehen:

- Ich frage immer nach, wie es ihr geht.
- Ich sage ihr: »Ich bin da, wenn du mich brauchst.«
- Ich habe ihr beim Umzug geholfen.
- Ich sage ihr regelmäßig, wie viel sie mir bedeutet.
- Ich fahre 600 km, um sie zu sehen.

Wenn du alles, was dir einfällt, aufgeschrieben hast, schaue dir dein Konto genau an. Lasse es auf dich wirken. Ist es ausgeglichen? Oder gibt es einen großen Überhang im Minus oder sogar im Plus?

Solltest du ein Ungleichgewicht feststellen, bleibe ruhig. Frage dich einfach, wie oder durch was du in Zukunft einen Ausgleich schaffen kannst. Oft hilft es schon, sich ein mögliches Ungleichgewicht bewusst zu machen. Beim nächsten Mal, wenn du etwas für deine Freundin tust, wirst du dich an dein Konto erinnern.

Ich bin gespannt, wie dir diese Übung gefällt. Ich wünsche dir viel Freude damit und gute, ausgeglichene Beziehungen.

Freundinnengeflüster

Zum Abschluss möchte ich wieder einige Ausschnitte aus meinen Interviews mit Frauen teilen, diesmal zum Thema »Freundinnen«. Die Namen wurden zum Schutz der Frauen geändert:

»Auf meine Freundinnen lass ich nichts kommen. Sie sind mir heilig. Sie sind mir näher als mein Freund. Ich kann alles mit ihnen besprechen. Sie verstehen mich. Ohne sie wäre ich nicht das, was ich heute bin.«
(Silke, 32)

»Meine beste Freundin hat mich vor Jahren hintergangen, sie belog mich etliche Jahre, machte mir etwas vor. Ich bewunderte sie und himmelte sie an, denn ich hatte keinen guten Selbstwert, irgendwie lebte sie alles, was ich mich nicht traute. Dann kam heraus, dass sie seit Jahren mit meinem Mann ins Bett ging, ganz klischeehaft. Sie hatten mich also beide hintergangen, und ich bin so dumm gewesen, es nicht zu merken. Seitdem habe ich Angst vor neuen Freundschaften, sobald sie zu tief werden. Ich kann nicht vergessen, was damals geschah. Ich habe blind vertraut, wie dumm …«
(Martina, 50)

»Das hört sich jetzt vielleicht komisch an, aber meine Mutter ist meine beste Freundin. Bei ihr weiß ich, dass sie mich nie betrügt, und das gibt mir Sicherheit.«
(Louisa, 42)

»Ich habe einen großen Bekanntenkreis und viele Freundschaften mit Frauen, mit den einen mehr, mit anderen weniger. Jede meiner Freundinnen hat andere Qualitäten. Mit der
einen habe ich tolle Gespräche, mit der anderen kann ich gut
um die Häuser ziehen. Wieder eine andere begleitet mich bei
der Arbeit. Nur die Eine gibt es nicht. Das wäre mir viel zu
einseitig.«
(Paula, 28)

»Ich liebe meine beste Freundin. Mit ihr berate ich mich, sie
ist mein Halt und meine Stütze. Das Gleiche gilt natürlich
auch umgekehrt. Ich bin genauso für sie da. Im Grunde sind
wir wie Zwillinge. Mit meiner Freundin kann ich lachen,
weinen oder einfach still sein. Da ist bedingungsloses Vertrau-
en zwischen uns. Sie ist mir so nah wie kein anderer Mensch.
Mein Mann toleriert das und macht manchmal liebevoll Witze
über diese besondere Beziehung.«
(Helga, 55)

»Was ich schon alles mit meinen Freundinnen erlebt habe …
ich könnte ein ganzes Buch damit füllen. Mit ihnen wachse
ich, entwickle ich mich weiter. Mit einem Mann kann ich das
auch, doch bei Freundinnen ist das noch einmal eine ganz
andere Ebene, so tief, so nah. Meine Freundinnen verstehen
mich halt mit meinen Launen und Bedürfnissen, sie wissen
um mich und mein Leben, wir erzählen uns alles, da wird
nichts ausgelassen. Ich möchte sie niemals missen.«
(Nadja, 39)

»Letzten Endes spüre ich sehr oft, wie neidisch im Grunde meine Freundinnen sind, wenn ich Erfolg habe. Sie freuen sich zwar mit mir, doch ich habe im tiefsten Inneren das Gefühl, dass es nicht ehrlich ist. Ich frage mich oft, warum ich dennoch an diesen Freundschaften festhalte ...? Ich weiß es selbst nicht. Ich denke, ich habe Angst, keine neuen Freundschaften zu finden. Und meine Freundinnen sind ja nicht nur so, in ganz vielen Bereichen meines Lebens sind sie für mich da. Nur dieses komische Gefühl von Konkurrenz kann ich nicht ganz beiseiteschieben. Dafür spüre ich es zu oft, dieses leise, schleichende Gefühl.«
(Annabel, 46)

»Ich habe meine beste Freundin bis in den Tod begleitet. Sie hatte Brustkrebs, und in der Zeit ihrer Krankheit haben wir uns mit allem ausgesprochen, alles, was wir nie gewagt haben, anzusprechen, kam auf den Tisch. Das hat uns sehr nah zueinander gebracht. Ihr Tod war für mich sehr schmerzlich, denn sie hat ein großes Loch hinterlassen. Ich weiß nicht, ob ich das jemals wieder erleben werde mit einem anderen Menschen. Es ist eine kostbare Erfahrung. Sie fehlt mir sehr ...«
(Rabea, 48)

»Meine Freundin und ich sind verrückt. Wir streiten uns und versöhnen uns wieder. Wir sehen uns einige Zeit gar nicht, nur um dann wieder wie die Kletten aneinanderzuhängen. Ich hasse sie, und ich kann nicht ohne sie leben ... so war es schon immer, und ich denke, so wird es noch lange sein ... schon komisch.«
(Nina, 35)

Die Welt der Amazonen

Wer hat nicht schon von den Amazonen gehört? Jenem sagenhaften Volk von kriegerischen Frauen, die selbstbestimmt lebten. Oft wird das Wort »Amazone« sogar als verhöhnendes Wort für Frauen benutzt, die nicht in das Schema passen, wie eine Frau zu sein hat, die vielleicht stark und eigenwillig ihren Weg gehen.

»Du Amazone …«, wurde auch mir schon oft gesagt, wenn man mich nicht mehr einordnen konnte. Wahrscheinlich wissen dennoch viele Menschen nicht, wer oder was die Amazonen wirklich waren. Manche Männer setzen komischerweise Amazonen mit »lesbisch sein« gleich. Dabei hat das überhaupt nichts miteinander zu tun.

Wer oder was sind die Amazonen?

Der griechischen Mythologie nach soll es um das Schwarze Meer herum eine Art Frauenvolk gegeben haben. Es handelte sich hierbei um hochgewachsene Frauen europäischen Typs, die vom antiken Kriegsgott Ares stammen sollen. Männer waren in ihrer Gemeinschaft nur für die Paarung geduldet, die sie jedes Frühjahr vollzogen. Immer noch hartnäckig hält sich der Mythos, dass die Amazonen ihre rechte Brust verstümmelt hätten, um so besser mit Pfeil und Bogen umgehen zu können. Viel wahrscheinlicher ist aber, dass sie ihre Brüste nur abgebunden haben, weil ihnen das eine genauere Waffenhandhabung ermöglichte …

Sie verehrten die Mondgöttin, und der Tempel der Artemis (Göttin der Jagd, des Waldes, des Mondes und Hüterin der Frauen und Kinder) galt als ein besonderer Schutzort für die Amazonen. In einigen Überlieferungen werden sie als Mondpriesterinnen genannt. Sie waren eine dominierende Frauengemeinschaft, die in der Kriegsführung ausgebildet war. Sie konnten hervorragend mit Waffen umgehen, ganz besonders gut beherrschten sie den Bogen, verwendeten aber auch Schwerter, Äxte und Hellebarden. Als erwiesen gilt, dass es früher zahlreiche Kulturen gab, in denen Frauen und Männer vollkommen gleichberechtigt waren. Auch war nichts Ungewöhnliches daran, dass die Frauen an der Seite der Männer kämpften und im alltäglichen Leben dominierten. Auch bei den germanischen Stämmen und den Kelten kämpften Frauen oft an der Seite ihrer Männer.

Inzwischen hat man etwa 2 300 Jahre alte Gräber von Kriegerinnen gefunden, denen neben Schmuck auch viele Waffen beigelegt waren. Die Oberschenkelknochen sollen bei diesen Skeletten ungewöhnlich gebogen und die Steißbeine gestaucht gewesen sein, weshalb es als gesichert gilt, dass diese Kriegerinnen viel geritten sind. Die Amazonen waren also ein Reitervolk.

Interessant ist, dass sich solche Frauenvölker in nahezu allen Kulturen nachweisen lassen, ob germanisch, keltisch, griechisch oder auch nordafrikanisch.

In meinen unzähligen inneren Reisen in die Welt der Amazonen begegnete mir viel archaisches Wissen um die Bestimmung der Frau und die Verehrung und Kultivierung der weiblichen Kräfte. Eine Welt, in der die Macht und Kraft des Weiblichen auf natürliche Art und Weise wieder in unser aller Sein eingebettet ist, erscheint mir als unumgänglich und erstrebenswert. Von dieser Welt legen die Amazonen Zeugnis ab. Ihr Erbe schlummert in dir und mir.

Übrigens gibt es im patriarchalisch geprägten Land Mexiko ein kleines Dorf namens Juchitán. Man nennt es auch das »Dorf der Frauen«. In diesem herrschen die Frauen noch genauso, wie es einst die Frauen im Matriarchat taten. Die »starken Frauen von Juchitán« sind sehr selbstbewusst, und dieses Selbstbewusstsein gründet auf ihrer eigenen Ökonomie. Die Arbeitsteilung in Juchitán ist stark geschlechterspezifisch geprägt. Die Frauen sind für den Handel zuständig, sie fahren zum Markt, verkaufen Ware und verwalten die Finanzen der Familie. Sie haben das Sagen. In Juchitán genießen Frauen großes Ansehen. Wenn Mädchen geboren werden, werden rauschende Feste gefeiert, weil dieses Dorf auf die Kraft der Frauen gegründet ist. Die Männer halten sich in dieser Gemeinschaft eher im Hintergrund und dienen den Frauen. Ähnlich wie es in unzähligen Kulturen über Jahrhunderte die Rolle der Frauen war – und mancherorts noch immer ist.

Amazonen – Mythos oder Wirklichkeit?

Die Existenz der schönen Amazonenkriegerinnen zu beweisen oder zu widerlegen, haben sich einige Wissenschaftler zur Aufgabe gemacht. Trotzdem herrscht bislang keine Einigkeit darüber, ob es das Kriegerinnenvolk wirklich gegeben hat.

Ob sie nun existiert haben oder nicht, in jedem Fall sind die Amazonen in unseren Überlieferungen, in Mythen und Sagen gegenwärtig. Es gibt demnach ein »Energiefeld« dieser weiblichen Kraft, eine archaische Gewissheit, die in uns weiterlebt und aus der wir schöpfen können. Etwas lebt in uns und will erwachen. Die Erinnerung an ein selbstbestimmtes, freies Leben als Frau. Eine Zeit, in der die Qualitäten unserer weiblichen Bestimmung noch gesehen und gewürdigt wurden.

Entdecken wir hinter unseren Konventionen, Glaubenssätzen, Blockaden und Schatten eine ewig fließende weibliche Schönheit und Kraft, und machen wir uns diese zunutze.
Kannst du es spüren?

Moderne Amazonen

Sie sind mitten unter uns: Frauen, in denen das Amazonen-
blut fließt, die mit der Erinnerung an all dies geboren sind.
Das muss sich nicht in kriegerischen Absichten zeigen, doch
stehen diese Frauen alle miteinander für etwas ein. Sie sind
Pionierinnen unserer Zeit. Und vielleicht gehörst du sogar zu
ihnen?

Ich möchte dir gerne etwas von mir erzählen. Ich gestehe,
dass ich Furcht habe, du könntest es missverstehen. Dennoch
möchte ich es gerne mit dir teilen:

Als junge Frau erwachte in mir der Wunsch, Kinder in die
Welt zu bringen. Doch im Gegensatz zu anderen jungen Frau-
en hatte ich niemals den Wunsch, zu heiraten oder mit dem
Vater meines Kindes zusammenzuleben. Ich wollte einfach ein
Kind von einem tollen Mann, und ich gestehe … Kinder von
verschiedenen Männern. Es erwachte etwas in mir, was für
mich so natürlich war wie das Atmen und was mich noch einigen gesellschaftlichen Anfeindungen aussetzen sollte, die ich
zu dem Zeitpunkt gar nicht überblicken konnte. Nun, mein
Plan ging auf, ich bekam alle sechs Jahre voller Freude ein
Kind, vier Kinder von vier verschiedenen Männern. Die meis-
te Zeit war ich alleinerziehend. Ich spürte darin meine große
Kraft, und jedes meiner Kinder war ein Wunder. Es kam mir
überhaupt nicht in den Sinn, dass dies moralisch verwerflich
sein könnte. Ich trug in mir wirklich eine Erinnerung an eine
Zeit, wo dies so normal war wie Essen und Trinken. Im Laufe

der Zeit musste ich natürlich allerlei Verurteilungen über mich ergehen lassen, und dies erzeugte in mir große Scham- und Schuldgefühle. Erst als ich mich mit den Amazonen und den Frauenvölkern beschäftigte, konnte ich mich langsam von all dem befreien und zu meinem Weg stehen.

Für mich sind moderne Amazonen Frauen, die sich nicht in ein Korsett zwängen lassen, die ungeachtet gesellschaftlicher Normen ihren Weg gehen, den Weg ihres Herzens. Sie besitzen eine große Sprengkraft und polarisieren. Heute sind sie leider nicht mehr eingebettet in eine »Gemeinschaft von Frauen« wie damals. Oft gehen sie als einsame Wölfinnen ihren Weg alleine. Doch die Zeit der Verbindungen von Frauen, die sich gegenseitig erkennen, wird nun immer deutlicher. Frauen, die sich als Schwestern empfinden, die sich stützen und halten, die gemeinsam unendlich viel bewegen zum Wohle aller. Frauen, die die neu erwachte, gereifte und vor allem geheilte Weiblichkeit auf unserem Planeten Erde erneut fest verankern. Frauen, die eine neue Erde gebären – und mit ihr ein neues Bewusstsein.

DIE AMAZONE

Sie ahnt, wie stark sie ist.
Sie ist nicht mehr bereit
für jegliche Arten von Kompromiss.

Sie weiß, die Zeit ist JETZT.
Zeit zu handeln.
Zeit zu sprechen.
Zeit zu leben.
Zeit zu lieben.

Sie verschwendet nichts mehr.
Keine Ausreden.
Keine unnötigen Spielchen.
Kein Drumherum-Reden.
Sie sagt dir alles,
was du wissen willst.

Sie gibt sich in jeder Sekunde ganz.
Sie weiß, dass sie verletzt werden kann.
Sie ist nicht frei von Fehlern und Schwächen.
Sie ist einfach NACKT.
Was sollte sie auch verstecken?
Sie hat alles durchschaut.
Und gerade deshalb, gerade deshalb,
kann sie wahrlich lieben.
Sie ist ganz sie.
Ohne Erlaubnis von außen.

Sie sprengt alle Fesseln
und läuft mit dem Wind.
Sie lässt sich tragen.
Sie hat keine Angst,
Dinge auszusprechen.
Keine Angst, etwas zu verlieren.
Denn sie hat alles losgelassen.

Um ihrer Essenz zu begegnen, musste sie das tun.
Es war wie, sich fallen zu lassen.
In den Abgrund ihrer tiefsten Ängste,
um zu fliegen.

Das Licht wohnt in ihren Zellen.
Die Liebe vibriert tief in ihrem Bauch.
Ihre Schritte sind durchdrungen von Klarheit.
Niemand kann sie aufhalten.
Durch ihre natürliche Macht
legt sich ihr alles zu Füßen.
Um mit ihr zu verschmelzen
und zu tanzen.

Sie liebt um der Liebe willen.
Jede Sekunde ist für sie kostbar.
Sie formt sie mit ihren Gedanken der Freiheit.
Sie lacht Hindernisse hinweg,
als wären sie nicht da.

Sie geht durch Wände,
weil sie erkannt hat,
dass diese nur in ihren Gedanken existieren.
Sie berührt alles und jeden
mit ihrem Atem.
Hinterlässt Spuren
und nicht nur Sand.

Vielleicht ist sie einsam,
weil andere lieber spielen.
Doch es gibt kein Zurück.
In ihrem Blut rauscht das Leben
und flüstert ihr zu.

Ihr Bauch und ihr Herz
treffen Entscheidungen,
die sie kontinuierlich eine Bahn
in die Zukunft ziehen lassen,
während sie im JETZT
Samenkörner der Freude
und Befreiung pflanzt.

In unserer Welt gibt es unzählige Beispiele von Frauen, die die Amazonenkraft in sich tragen. Pionierinnen, Revolutionärinnen, für die keine Regeln bestanden und die auferlegte Grenzen einfach so gesprengt haben. Es waren und sind mutige Frauen, die dem Ruf ihres Herzens folgten und folgen. Ein Paar von ihnen möchte ich an dieser Stelle nennen:

Isabelle Eberhardt war eine schweizerische Weltenbummlerin und Reiseschriftstellerin mit russischen Wurzeln, die 1877 geboren wurde und bereits 1904 verstarb. Sie war Sahara-Reisende und verkleidete sich als Mann, um durch Bordelle und Bars streifen zu können. Sie sah nicht ein, dass ihr bestimmte Bereiche des Lebens als Frau verwehrt sein sollten und liebte ihr Nomadenleben. Sieben Jahre lang reiste sie durch Tunesien, Algerien und Marokko. Sie trat in Reitstiefeln auf, konnte kiffen und trinken »wie ein Mann«. Ihr Leben provozierte viele Menschen. Sie schrieb mehrere Romane und Reiseberichte, bis sie eines Nachts mitten in der Wüste nach einem Wolkenbruch von einer Flut weggeschwemmt wurde und ertrank.

Coco Chanel war eine eigenwillige Frau, die 1883 geboren, als erste Frau Damenhosen schneiderte und sich individuell kleidete. Für damalige Begriffe war das ein Skandal, da Frauen nur Kleider tragen durften. Doch ihre Mode und ihre Art, sich zu kleiden, fand viele Nachahmerinnen. Als ungewöhnliche Modemacherin und Unternehmerin großer Modefirmen, in einer Zeit, in der solche Domänen ausschließlich den Männern vorbehalten waren, ging sie in die Geschichte der Mode ein. Sie starb 1971 als »Grande Dame« der Modewelt in Paris. Ihr Werk ist bis heute unvergessen.

Marie Curie wurde 1867 in Polen geboren und ging nach Paris, um zu studieren. Sie entdeckte die Elemente Radium und Pollonium, forschte über verschiedene Arten von Strahlungen und prägte den Begriff »Radioaktivität«. Als erste Frau durfte sie an der Pariser Universität Sorbonne unterrichten. Sie erhielt den Nobelpreis für Physik und für Chemie. Diese doppelte Ehrung wurde bis dahin noch keinem anderen Menschen zuteil.

Meine Freundin und Seelenschwester **Aida,** die sich in der Mitte ihres Lebens auf einer Saharareise in ihren »Wüstenprinz« verliebte, einen jungen Berber, der hinreißend Musik spielte. Entschlossen pendelt sie nun zwischen Wüste und ihrem Heimatort in Deutschland hin und her, um mit ihrem Prinzen zu leben. Gemeinsam erschafften sie einen herrlichen Seminarort mitten in einer Oase in der Wüste, die »Karawanserail«.

Unzählig sind die Beispiele, die ich an dieser Stelle aufführen könnte. Ich liebe diese mutigen Amazonenfrauen. Ich verrate dir noch den Namen meines Lieblingsbuches. Es heißt »Good Night Stories for Rebel Girls: 100 außergewöhnliche Frauen«. Erzählt werden die Geschichten von insgesamt hundert Frauen, die in ihrem Leben etwas bewirkt haben: Freiheitskämpferinnen, Politikerinnen, Kaiserinnen. Und das alles in Form eines Märchens und wunderschön illustriert. Hier findest du die

Geschichte von Kleopatra genauso wie die von Hatschepsut, der Piratin Mary Read oder der Malerin Frida Kahlo. Es ist wunderbar, zu lesen, was Frauen alles schaffen können. Wenn es das Buch damals schon gegeben hätte, ich hätte es meiner kleinen Tochter jeden Abend vorgelesen, einfach um ihr Mut zu machen und ihr zu zeigen, wie stark Frauen sind.

Diese unzähligen Beispiele zeigen, dass es keine Grenzen gibt und dass wir alles erreichen können, was wir uns vorstellen.

MEDITATION:
ERWECKE DIE AMAZONE IN DIR

Nimm dir eine Auszeit von mindestens 30 Minuten.
Ziehe dir bequeme Kleidung an, sodass du dich wohlfühlst. Du kannst diese innere Reise an einem stillen Ort
deines Wohnraums unternehmen oder in der Natur. Gerade
an einem Baum gelehnt, kann diese innere Reise besonders
stark erlebbar sein, so meine Erfahrung. Doch jeder Ort, an
dem du nicht gestört wirst, ist in Ordnung. Denke daran, dass
auch ein Handy, Telefon oder deine Liebsten störend sein
können. Sorge gut für dich, und sage allen Bescheid, dass du
für einen Moment alleine sein möchtest. Vielleicht möchtest
du eine Kerze entzünden oder mit Räucherwerk einen gewissen Duft verströmen lassen. Schön ist auch, wenn du dir eine
ruhige, fließende Musik anstellst. Oder falls du in der Natur
bist, lasse die Vögel für dich singen, lausche dem Rauschen
des Windes …
Du kannst sitzen oder liegen. Folge einfach deinen Impulsen,
du weißt, was gut für dich ist. Schließe deine Augen, und lausche eine Weile deinem Atem, wie er kommt und geht. Entspanne dich, und lasse dich fallen.

Stelle dir nun vor, dass du an Deck eines alten Segelschiffes
bist. Fühlst du den Wind, der dir um die Nase weht? Riechst du
das Meer und die salzige Luft? Was hörst du? Was siehst du?
Versuche, dich mit allen Sinnen auf diese besondere Reise einzulassen. Was schmeckst du, welchen Duft

nimmst du wahr, welche Geräusche dringen
an dein Ohr, und welche Farben entdeckst du?
Atme tief. Bald siehst du ein fremdes Land vor dir.
Im Moment kannst du es nur erahnen, doch bald kommst du
näher und näher, und du erkennst wilde grüne Hügel, raue
Strände und kraftvolle Wasserfälle.

Das Schiff legt in einiger Entfernung zur Küste an, und ein
kleines Boot bringt dich zum Ufer. Bei deiner Ankunft entdeckst du drei große, starke, wunderschöne Frauen auf muskulösen Pferden, die auf dich zu warten scheinen. Du steigst
aus dem Boot, und eine der Frauen steigt von ihrem Pferd
und kommt geradewegs auf dich zu. Du fühlst dich von ihrer
natürlichen Kraft und Ausstrahlung augenblicklich magisch
angezogen. Sie lacht dich mit blitzenden weißen Zähnen an
und bedeutet dir, ihr zu folgen. Du folgst ihr voller Vertrauen
und blickst auf ihren breiten, muskulösen Rücken, an dem
langes, geflochtenes Haar wie ein Wasserfall herabfällt. Heimlich musterst du sie dabei, wie sie in ihrer kurzen Ledertunika
und ihren geschnürten Ledersandalen weiche Schritte durch
das Gras macht. Um ihre Hüften trägt sie einen breiten Le-
dergürtel mit einigen Werkzeugen. Du erkennst ein kleines
Messer und eine Art Axt.

Ihr seid nun bei den anderen Frauen angekommen,
die dich lachend begrüßen und dir bedeuten,
auf eines der Pferde zu steigen. Du hast
überhaupt keine Furcht, während du
auf den Rücken des stämmigen Tie-

res gehoben wirst. Die Frau, die dich abholte, setzt sich vor dir aufs Pferd und zeigt dir, wie du dich an ihr festhalten kannst. Im Galopp geht es in das Landesinnere. Du bist überrascht, wie weich du sitzt, und fängst an, die Landschaft zu genießen. Weiche, üppige Hügel wechseln sich mit schroffen Felsen ab, an denen Wasserfälle in mehreren Kaskaden hinunterstürzen. Alles erscheint dir wie im Traum, und du ahnst, dass hier andere Gesetze gelten. Bald erkennst du ein Lager mit vielen großen Zelten, die eigentümlich geschmückt sind. Ihr reitet mitten hinein. Du wirst vom Pferd gehoben, und ein ganzer Pulk von lachenden Frauen und Mädchen umringt dich. Die eine oder andere umarmt dich herzlich und heißt dich willkommen. Du fühlst, wie ein süßes Gefühl der Verbundenheit mit all diesen Frauen, die du vorher noch nie gesehen hast, in dir aufsteigt. Mit einem Mal teilt sich der Kreis, und eine große Frau kommt direkt auf dich zu. Du kannst deinen Blick nicht von ihr wenden, so schön ist sie. Sie bleibt vor dir stehen und lächelt dich an. Du weißt nicht, warum sie dir so vertraut erscheint. Schau sie dir nun an, lasse ihre Erscheinung tief auf dein Inneres wirken.

Sie nennt dir ihren Namen und stellt sich dir als eine der Anführerinnen vor. Sie spricht tatsächlich deine Sprache und nimmt dich an die Hand. Fühlst du die Wärme ihrer Haut, und riechst du ihren nach Gras duftenden Körper? Sie will dir nun das Dorf zeigen, in dem die Frauen leben. Lasse dich herumführen, und lerne die Frauen kennen. Lasse dir ihre wundervollen Pferde zeigen, und schaue dich um.

Nach einer Weile bist du hungrig, die Dunkelheit setzt bereits ein. In einem großen Zelt wurde ein Feuer entfacht, und alle Frauen sitzen um dieses Feuer herum und laden dich ein, es ihnen gleichzutun. Du bemerkst, dass du im inneren Kreis mit zwölf anderen Frauen sitzt, während die anderen Frauen und Mädchen um euch herum Platz genommen haben.

Wundervolle köstliche Speisen werden dir nun angeboten: Gemüseplatten, Obst und gekochtes Getreide. Das Feuer wärmt dich, während du isst und den Geschichten der Frauen lauschst. Noch nie hast du dich so geborgen gefühlt, so stark und verbunden mit einer Kraft, die nicht von dieser Welt zu sein scheint. Genieße es. Die Frauen berichten dir von ihrem Leben. Höre gut zu.

Nach einiger Zeit deutet dir die älteste Frau an, dass du nun Fragen stellen darfst. Bitte nimm dir jetzt alle Zeit, und frage diese Frauen, was du auch immer fragen möchtest. Es sind kostbare Minuten. Nutze sie.

…

Alle deine Fragen sind nun beantwortet, und alle Frauen stehen auf und bilden einen Kreis um dich. Du stehst da und blickst in ihre Gesichter. Du bist überwältigt von all der rauen Schönheit, die du wahrnimmst. Du kannst dich gar nicht sattsehen, und deine Blicke werden stolz und aufrecht erwidert. In jedem Blick liegt eine solche Stärke und Kraft, dass du erschauerst. Du hast das Gefühl, dass diese Welle auf dich übergeht. Die Frauen fangen an zu singen, und jeder Ton vibriert tief in jeder deiner Zellen und öffnet dein Herz. Du verstehst die Sprache dieser Lieder. Es ist, als hättest du sie in ferner Zeit einmal gehört und nur vergessen. Diese Lieder zeugen von der Kraft und Stärke der Frauen. Sie singen von ihrer Weisheit, von ihrem in Freude gewandelten Leiden, von Selbstbestimmung und Freiheit. Du fühlst dich aufgehoben und wunderschön in deiner weiblichen Kraft. Gefühle von Anmut und Würde steigen in dir auf, und du erkennst klar deinen Weg. Es gibt nichts mehr hinzuzufügen … alles rückt an seinen Platz, und du erkennst, wie kraft- und machtvoll du schon immer warst, bist und sein wirst. Dankbarkeit strömt tief aus deinem Herzen.

Die Lieder verstummen, hallen aber noch tief in deinem Herzen nach. Nacheinander kommt jede der zwölf Frauen auf dich zu und überreicht dir ein Geschenk. Würdige, was dir jetzt übergeben wird, es sind symbolische Geschenke deiner wahren Kraft und Macht als Frau. Du wurdest in einen Kreis der Schwesternschaft aufgenommen. Ihre Geschichten leben nun in dir weiter. Bedanke dich aufrichtig und aus vollem Herzen. Spüre die tiefe Liebe und Verbundenheit dieses Kreises.

Es dämmert bereits, als die Pferde geholt werden und die Anführerin dich zum Abschied als eine ihrer Schwestern liebevoll in die Arme nimmt.

Als ihr euch voneinander löst, ist es für einen kurzen Augenblick so, als würdest du in einen Spiegel schauen. Du erkennst DICH in ihr! Altes Wissen durchfährt deine Körperzellen, und dein Bewusstsein ist hellwach, als du auf das Pferd gehoben wirst. Du verabschiedest dich bei allen. Ein klein wenig ist dir so, als würdest du deine Familie verlassen, um auf Reisen zu gehen. Bald sitzt du wieder in dem kleinen Boot und wirst aufs Schiff gebracht. An Bord angekommen, winkst du noch einmal den drei Frauen zu, die dich zurück an den Strand geführt haben, während die Wellen dich davontragen. Das Glücksgefühl in deinem Herzen füllt dich vollständig aus, auch wenn ein wenig Wehmut darin liegt. Du segelst nun wieder direkt in dein Körperbewusstsein hinein. Lasse dir Zeit, anzukommen. Öffne langsam deine Augen, recke und strecke dich, und komme wieder ganz in unserer Zeit an.

In deinem Herzen ist viel geschehen. Du kannst es fühlen. Das Blut der Amazonen fließt nun in dir. Du bist mit ihnen verbunden, und immer, wenn du keinen Mut mehr hast, erinnere dich an den Kreis der starken Frauen und an ihre Geschenke. Natürlich kannst du jederzeit wieder zu ihnen reisen.

Wenn du möchtest, schreibe deine Erlebnisse auf, damit du dich jederzeit wieder mit ihnen verbinden kannst.

Ich wünsche dir viel Freude!

Göttinnen und heilige Schwestern – Formen der weiblichen Urkraft

Göttinnen

Eine Göttin ist eine weibliche Gottheit. Sie ist der Inbegriff des weiblichen Seins. Göttinnen wirken in vielen Lebensbereichen, es gibt Erdgöttinnen, Himmels-, Mond-, Kriegs-, Fruchtbarkeits-, Liebes-, oder Schöpfungsgöttinnen, um nur einige zu nennen.

Für mich persönlich ist eine Göttin eine weibliche Urkraft, die ALLES enthält. Alle scheinbaren Gegensätze sind in ihr vereint. In ihr lebt das Männliche wie auch das Weibliche in vollkommener Harmonie. Nichts wird ausgelassen. In einer Göttin kommen alle Facetten des ursprünglichen Frauseins zum Tragen. Sie ist schöpferisch, kreativ, gebärend, fließend, und doch kann sie auch den Tod bringen, wenn es nötig ist. Sie ist die Verkörperung von Leben und Tod, allen Kreisläufen des Lebens. Alles gehört dazu. Nur wenn etwas stirbt, kann es verwandelt wiedergeboren werden. Du kennst das aus deinem Leben. Manchmal musst du erst etwas loslassen, bevor etwas Neues in dein Leben kommen kann. Diesen Prozessen weiht sich eine Göttin. Und eine solche Göttin lebt als archetypische

Kraft auch in dir. Du kannst dich damit verbinden. Nenne sie Amazonenkraft, Lilithkraft, es ist alles dasselbe. Sich diesem Bewusstsein in dir zu stellen, bedeutet, sich der tiefsten und größten Kraft deines weiblichen Ausdrucks hier auf Erden zu öffnen.

Die Göttin in dir

Eine Göttin lebt auch in dir. Es ist die Urkraft, die Essenz deines Seins als Frau hier auf Erden. Es ist die Frage, wer du bist, wenn alle deine Geschichten von dir abfallen. Wer bist du in deinem tiefsten Kern? Es ist das, was du jenseits von allen Konditionierungen aus der Kindheit und allen gesellschaftlichen Mustern in dir findest, fern von allem, was du selbst von dir glaubst. Du bist so viel mehr ... ein unendlich komplexes, wundervolles Wesen voller Gaben, die noch unentdeckt sind. Die Göttin in dir ruft dir zu, will dich erinnern, dich erwecken, damit du dich in deinem wahrhaftigen Frausein wiederfindest und nur noch staunen kannst.

Die Göttin in dir ist das brennende Sehnen deiner verborgensten Wünsche, die du in deinem Herzen fühlst. Es ist der Hunger nach mehr, nach etwas Unbekanntem, ahnungsvoll Vertrautem, nach etwas, was du in geheimen Herzkammern vergessen hast, was dir in einsamen Nächten zuruft und durch deine Träume weht. Es war schon immer bei dir, hat dich nie verlassen. Es hat zu dir gesprochen durch den Anblick einer Blume, durch Begegnungen mit besonderen Menschen, durch das Streicheln des Windes auf deiner Haut ...

Und jetzt steht sie vor dir, die große Göttin. Sie ruft dich. Du lässt alle Masken fallen. Warum solltest du dich auch verstecken? Sie ist ja DU.

Erzähle mir nicht noch mehr Geschichten von dir …
Ich will wissen, wer du bist, wenn alle Geschichten wegfallen
und du dich nicht mehr hinter ihnen verbergen kannst.

Sage mir nicht, was du alles schon getan hast
und wo du gewesen bist.
Ich will wissen, wer du bist,
wenn du in der Dunkelheit der Nacht stehst
und nichts mehr sehen kannst.
Ob du auch dann noch vertraust und ein mutiges Herz hast,
auch wenn du dich fürchtest.

Hör auf, mir und dir etwas vorzumachen.
Zeige mir, ob du bereit bist,
dich in deiner ganzen Nacktheit zu zeigen,
mit allen Ängsten und Zweifeln
Und ob du darin deine Schönheit erkennen kannst,
so, wie ich es sehe.

Hör auf, dich mir gegenüber groß zu machen,
obwohl ich sehe, wie klein du dich fühlst.
Erzähle mir von deinen Sorgen und Nöten,
und erfreue dich an einer,
die denselben Weg geht wie du.

Ich möchte nicht hören, wie deine Kindheit
und dein Leben waren, das ist vergangen.
Doch wenn du davon sprichst, was es mit dir gemacht hat
und wie sehr du daran gewachsen bist, dann bin ich da.
Höre auf, mit mir in Konkurrenz zu treten,

lasse deine Masken fallen, und reiche mir die Hand,
um mit mir mutig alle Felsen und Klippen zu umschiffen
und uns vom Meer tragen zu lassen,
mit einem Lächeln auf den Lippen.

Ich will dich immer ganz.
Egal, wie du gerade bist. Egal, wo du stehst.
Zeige dich, und lache mit mir in den dunklen Mond hinein.

Sei du selbst, ganz egal, was die anderen sagen, was sie tun.
Du bist viel zu kostbar, um dich hinter Masken zu verstecken.
Oder weil du denkst, man will dich nur so oder so.

Setze mit mir die Segel auf deinem eigenen Schiff.
Entlasse die Mannschaft, denn DU selbst bist es,
die ihr Boot sicher über jedes Meer in den Hafen lenkt!

Entdecke Kontinente in dir, wenn du aufhörst,
etwas zu bedienen, was du gar nicht bist.
Werde echt und lebendig in Freude, Trauer, Glück oder Schmerz.

Du bist traurig? Dann weine.
Du hast Schmerzen? Dann fühle.
Du bist glücklich? Dann tanze.
Du freust dich? Dann lache,
bis die Sonne neugierig den Tag beginnt.
Egal, was du tust, was es auch immer ist, sei echt und ganz du.
Dann stehst du am Feuer, und alle Geschichten verstummen,
weil von jetzt an dein Lied erklingt …

MEDITATION:
ERWECKE DIE GÖTTIN IN DIR

Nimm dir eine Auszeit von mindestens 30 Minuten. Ziehe dir bequeme Kleidung an, sodass du dich wohlfühlst. Du kannst diese innere Reise an einem stillen Ort deines Wohnraums unternehmen oder in der Natur. Gerade an einem Baum gelehnt, kann diese innere Reise besonders stark erlebbar sein, so meine Erfahrung. Doch jeder Ort, an dem du nicht gestört wirst, ist in Ordnung. Denke daran, dass auch ein Handy, Telefon und deine Liebsten störend sein können. Sorge gut für dich, und sage allen Bescheid, dass du für einen Moment alleine sein möchtest. Vielleicht möchtest du eine Kerze entzünden oder mit Räucherwerk einen gewissen Duft verströmen lassen? Schön ist auch, wenn du dir eine ruhige, fließende Musik anstellst. Oder falls du in der Natur bist, lasse die Vögel für dich singen, lausche dem Rauschen des Windes …
Du kannst sitzen oder liegen. Folge einfach deinen Impulsen, du weißt, was gut für dich ist. Schließe deine Augen, und lausche eine Weile deinem Atem, wie er kommt und geht. Entspanne dich, und lasse dich fallen.

Fliege nun mit deinem Bewusstsein weit aus deinem Körper hinaus. Fliege direkt in den Himmel. Vor dir liegt ein großer Regenbogen wie eine Himmelsleiter. Er schillert und glänzt in allen Farben, und du schreitest mühelos hinauf. Als du an seinem Ende angelangt bist, öffnet sich dir ein riesiges, glänzendes Tor. Als du es durchschreitest, badest du in einem Lichtmeer. Es ist, als ob dich die Sonne direkt anstrahlt. Nimm wahr, wie sich deine Augen erst an dieses überirdische Licht gewöhnen müssen. Vielleicht blinzelst du. Wie fühlt es sich an, dort zu stehen? Nimm diesen Augenblick mit allen dir zur Verfügung stehenden Sinnen wahr. Welche Geräusche hörst du, welcher Duft beflügelt dich? Mit einem Mal wirst du sanft an die Hand genommen. Eine wunderschöne, strahlende Frau mit glänzendem Haar wie funkelndes Gold und mit einer Art »Lichtkleid« bedeutet dir, mit ihr zu kommen. Sie führt dich geradewegs in einen Palast aus schimmernden Kristallen. Du hast so etwas noch nie gesehen. Schaue dich um, und erfreue dich an dieser Pracht und Fülle. Überall funkelt und strahlt es. In der Mitte des Palastes ist ein großes Becken mit schimmerndem Wasser. Stufen führen ins Wasser hinein, und Stufen führen auf der anderen Seite wieder hinaus. Die schöne Frau führt dich zu dem Becken. Du verspürst Lust, hineinzugehen. Dein Herz weitet sich vor Freude. Die Lichtfrau zieht dir sanft alle Kleider aus und führt dich in das Becken. Das glitzernde Wasser ist angenehm warm, du tauchst ein und lässt dich vom Wasser tragen. Du empfindest Dankbarkeit, während du im Wasser liegst. Es ist, als ob jegliche Last von dir abfällt. Du fühlst dich leicht, frei und schwebend, getragen von einer Kraft, die nicht von dieser Welt ist.

Du hast dein Zeitempfinden verloren, als die schöne Frau dir andeutet, nun wieder aus dem Wasser zu steigen. Du tauchst noch einmal tief in das Wasser, erhebst dich und steigst die Stufen hinauf. Auf einem Sessel aus purem Gold liegen neue Kleider für dich. Die schöne Frau hilft dir beim Anziehen, denn die Kleider sind aus einem Material gewebt, das du noch nicht kennst. Es sieht aus wie flüssiges Gold und fühlt sich auf der Haut an wie zarteste Seide.

Nun wirst du durch die silbernen und goldenen Säle geführt, mitten unter eine Glaskuppel. In der Mitte des Raumes steht ein riesiger Spiegel aus Gold, Silber und Kristallen. Die schöne Frau führt dich geradewegs auf ihn zu und lächelt wissend. Scheu trittst du vor den Spiegel und wagst einen Blick hinein. Du siehst ein solch strahlendes Wesen voller Schönheit und Licht und erschrickst im ersten Augenblick. »Wer ist das?«, fragst du die Frau flüsternd.

Sie antwortet: »Das bist du, wenn alles Erlebte von dir abfällt. Das bist du in deiner reinsten, ursprünglichsten Essenz. Schau nur hinein …«

Und du schaust. Lasse dir nun Zeit, all das aufzunehmen, was du siehst. Lasse es tief auf dich wirken. Gehe in Kontakt mit deinem eigenen Abbild. Sauge es auf wie ein Schwamm, denn es ist dein wahres Selbst.

Nach einer Weile, die du bestimmst, lädt dich die Frau ein, durch das Spiegelbild zu treten. Verschmilz mit der Person, die du siehst. Lasse dich in sie hineinfallen.

Vielleicht hast du das Gefühl, dich aufzulösen, aufzugehen in etwas Größerem. Es ist eine Art Initiation, wenn deine Seele es erlaubt. Und während du diese geschehen lässt, fliegst du erneut mit deinem Bewusstsein hoch in die Lüfte. Fliege dorthin, wo dein Körper verweilt. Lasse dich nun ganz langsam und vorsichtig wieder in deinen Körper hineinsinken. Nimm dir Zeit, um anzukommen, recke und strecke dich mit geschlossenen Augen, und öffne sie erst dann, wenn du bereit bist. Willkommen zurück zu Hause. Fühlst du, wie etwas Neues in dir lebt? Erspüre es im vollen Bewusstsein.

Wenn du möchtest, schreibe deine Reise auf. Etwas sehr Besonderes ist geschehen. Du darfst gespannt sein, wie es sich für dich in deinem Alltag anfühlt. Viel Freude!

Mutter Erde

Gaia – die große Mutter und Schwester

Als Frau hast du wahrscheinlich einen tiefen Bezug zu Mutter Erde. Die Erde, der Planet, auf dem wir leben, ist ein lebendiges Wesen. Ein anderer Name für sie ist Gaia. Gaia ist die göttliche und beseelte »Große Erdenmutter«. Aus ihr entsteht alles Leben, und sie sorgt für das Wachstum der Natur. Sie ist dauerhaft »schwanger« und gebärt immerwährend in immer wiederkehrenden Zyklen. Sie beschenkt uns mit ihren Gaben.

Und manchmal wird sie zornig, wenn wir Menschen ihre Gaben ausbeuten, indem wir die Erde aufbrechen und immer tiefer in ihr Inneres eindringen, um noch mehr zu erbeuten. Gierig, unersättlich und ohne darauf zu achten, dass sie uns freiwillig gibt, was sie hat. Dann bäumt sich Mutter Erde auf und sucht uns heim mit Erdbeben, Tsunamis und Überschwemmungen. Sie kann nicht mehr. Es ist ihr Zeichen, dass sie aus dem Gleichgewicht gekommen ist.

Vielleicht empfindest du beim Lesen dieser Zeilen Traurigkeit. Im Grunde ist Mutter Erde wie wir Frauen zutiefst weiblich. Auch wir schenken unsere Gaben freiwillig und werden dafür oft ausgebeutet oder lassen uns ausnutzen. Auch in uns schlummert dieser gewaltige Zorn, dieser »Tsunami« der Gefühle. Die Erde ist wie unsere Schwester, wir schwingen im gleichen Rhythmus. Wir tragen die Mondzyklen in uns, und auch in unserem Inneren gibt es »Jahreszeiten« wie Frühling, Sommer, Herbst und Winter. Es gibt Zeiten, in denen du blühst wie die Blumen im Frühling, Früchte deines Tuns erntest wie die Früchte im Sommer, dich zurückziehst wie im Herbst, wenn alles Laub zu Boden fällt, oder still bist wie im Winter, wenn die Welt im weißen Schnee versinkt.

Die Erde ist der Grund, auf dem wir wandeln. Gaia ist wie eine große Schwester, die du erfühlen kannst.

Ich habe einmal einen Text für sie geschrieben, den ich hier an dieser Stelle gerne mit dir teilen möchte. Vielleicht verstehst du, was ich meine, wenn du ihn liest:

Als ich in sie hineingehe, durchbohrt sie mir mein Herz.
Als ich weiter eindringe, entschleiert sie mich.
Als ich ihre Mitte erreicht habe, weine ich rückhaltlos.
Ich habe sie mein Leben lang gekannt,
und doch erschließt sie mir Geschichten,
und diese Geschichten sind Offenbarungen,
und ich bin verwandelt.
Jedesmal, wenn ich zu ihr gehe,
werde ich auf diese Weise geboren.
Ihre Erneuerung überspült mich endlos,
ihre Wunden streicheln mich;
alles, was zwischen uns gekommen ist, wird mir bewusst,
der Lärm zwischen uns, die Blindheit,
etwas schläft zwischen uns.

Jetzt streckt sich mein Körper nach ihr aus.
Sie sprechen mühelos miteinander, und ich lerne,
dass sie mir ihre Gegenwart in keinem Augenblick versagt.
Sie ist so feinfühlig wie ich,
ich kenne ihre Wahrnehmungsfähigkeit;
ich spüre ihren Schmerz,
und mein eigener Schmerz erwacht in mir.

Mein eigener Schmerz wächst an,
und ich packe diesen Schmerz mit beiden Händen,
ich öffne diesem Schmerz meinen Mund, ich schmecke …
und ich weiß, warum sie nicht aufgibt,

unter dem großen Gewicht, dem großen Durst,
in der Dürre, unter dem Hunger …
und durch die Klugheit jeder ihrer Handlungen
überlebt sie letztlich.

Diese Erde ist meine Schwester, ich liebe ihre tägliche Anmut,
ihre lautlose Kühnheit und wie sehr ich geliebt werde …
wie wir diese Stärke aneinander bewundern,
was wir alles verloren haben,
was wir alles erlitten haben,
was wir alles wissen:
Wir sind zutiefst erstaunt über diese Schönheit,
und was sie mir bedeutet und was ich ihr bedeute,
vergesse ich nicht.

Was fühlst du, wenn du diesen Text liest?

Wir sind nun schon so weit miteinander gereist. In die Welt
der Göttinnen, der Amazonen, der Mütter, Freundinnen …
Wir haben einiges miteinander bewegt. Ich würde jetzt gerne
mit dir einen Spaziergang unternehmen und dich fragen, was
du denkst. So gerne würde ich dir zuhören. Ich stelle mir vor,
wie wir miteinander reden und du mir deine Gefühle mitteilst
und all das, was dich bewegt. Fühlst du dein Frausein auch so
stark?

MEDITATION: HIMMELN UND ERDEN

Dies ist eine Meditation, die dich augenblicklich erdet. Sie bietet eine gute Möglichkeit, sich wieder in die eigene Mitte zu bringen und daraus zu schöpfen. Mache diese Meditation immer, wenn du dich verloren, zerstreut und nicht geerdet fühlst. Mit ihr kannst du dich schnell wieder in die Balance bringen und dich mit den Kräften von Mutter Erde und dem Universum verbinden. »Himmeln und Erden« nenne ich das.

Nimm dir eine Auszeit von mindestens 20 Minuten. Am Besten setzt du dich bequem auf einen Stuhl, sodass deine Füße auf dem Boden stehen. Du kannst diese Meditation auch im Liegen machen, schau einfach, was dir eher entspricht. Stelle dein Handy aus, und sorge dafür, dass du nicht gestört wirst. Gerne kannst du ein wenig Räucherwerk deiner Wahl entzünden und/oder eine Kerze. Wenn du möchtest, lasse im Hintergrund eine entspannende, ruhige Musik laufen. Du hast deine Augen geschlossen und atmest ruhig und tief dreimal aus und ein. Mit jedem Atemstoß lässt du alle Begrenzungen und Dinge deines Alltags aus dir hinausfließen, die dich im Moment belasten, und mit jedem Atemzug kommst du tiefer bei dir an. Gerne kannst du auch eine Hand auf dein Herz legen. Gehe nun mit deiner Aufmerksamkeit zu deinen Füßen. Spürst du deine Fußsohlen? Wie fühlen sie sich an? Stelle dir nun vor, wie lange Wurzeln aus deinen Fußsohlen wachsen und sich nach unten in Mutter Erde bohren.

Ganz leicht geht das. Sie wachsen immer tiefer und dichter und bohren sich ihren Weg vorbei an verschiedenem Geröll und Gesteinsschichten und noch weiter vorbei an unterirdischen Seen, bis sie auf das goldene Innere der Erde stoßen. Das Innere der Erde ist wie das Herz von Gaia, voller Liebe und Kraft. Spüre einen Augenblick in diese Kraft hinein. Ziehe nun bewusst diese goldene Energie von Mutter Erde durch deine Wurzeln hinauf in deine Füße. Stelle dir vor, wie diese goldene Energie durch deine Füße in deinen Körper aufsteigt. Fühle sie, und ziehe sie hinauf durch deine Füße … Knöchel … Waden … Knie … Oberschenkel … Hüften … deinen Schossraum … Unterleib … Bauch … deine Brust … dein Herz … Von hier aus lasse sie in deine Arme fließen bis in deine Fingerspitzen und wieder zurück in dein Herz, und von dort aus lasse sie hochsteigen in deine Schultern … deinen Hals … in Kinn … Lippen … Nase … Stirn … Schädeldecke. Nun lasse sie durch deinen Kopf aus deinem Körper hinausfließen bis ins Universum. Spürst du, wie sie dich ausfüllt? Erlaube dir nun, diesen kraftvollen goldenen Strom noch einmal durch dich fließen zu lassen und ihn bewusst zu spüren. Du bist ganz erfüllt davon.

Nun gehe mit deinem Bewusstsein hoch ins Universum, zu der Sternen- und Planetenkraft. Dieses Licht wirkt zart silberweiß, vielleicht kannst du es wahrnehmen. Öffne nun dein Kronenchakra direkt auf deiner Kopfhaut, und ziehe die Energie durch diese Öffnung wieder hinunter in dein Körpersystem. Fühle, wie sich die silbrige leichte Energie in deinen Kopf ergießt, und lasse sie von da weiter hinuntergleiten bis in dein Herz. Von dort lasse sie in deine Arme fließen, wieder zurück in dein Herz, und von dort aus in deinen Bauch. Die silberne Energie des Universums fließt dann weiter, hinunter in deinen Schoßraum … in deine Hüften … Oberschenkel … Knie … Waden … und von dort direkt in deine Füße. Lasse den Energiestrahl noch weiter hinuntergleiten, durch deine Füße und bis tief in Mutter Erde. Werde dir der beiden Ströme bewusst, die nun durch dich fließen. Von unten steigt der goldene, warme Strom von Mutter Erde in dir hinauf, und von oben fließt es silbern in dir hinunter. In deinem Herzen sammeln und vermischen sich beide Ströme und werden eins. Nimm dir nun Zeit, tief in dein Herz zu fühlen. Du bist nun zentriert in deiner Mitte.

Wenn du dich sicher, geborgen und voller Frieden fühlst, dann beende die Meditation, indem du mit deiner Aufmerksamkeit wieder in den Raum zurückkehrst. Lasse deine Augen noch geschlossen, und recke und strecke dich. Wenn du das Bedürfnis hast, deine Augen zu öffnen, bist du wieder ganz da. Willkommen zu Hause.

Gehe nun mit dieser geerdeten Ausrichtung sicher durch den Tag. Viel Freude!

Schwester Mondin

Seit Jahrtausenden beschäftigen sich die Menschen mit dem Mond. Er fasziniert uns jedes Mal, wenn er in voller Größe am Himmel steht. Auch wenn die Wissenschaft bestreitet, dass er einen Einfluss auf unser Wohlergehen hat, so kann doch auch die Wissenschaft nicht bestreiten, dass der Mond sogar eine Urgewalt wie das Meer beeinflusst. Ebbe und Flut richten sich nach ihm. Wieso sollte der menschliche Organismus vom Mond dann unbeeinflusst bleiben, wo doch unser Körper zu 70 % aus Wasser besteht?

Es gibt wenige Dinge auf dieser Welt, die nicht auf subtile Weise vom Mond beeinflusst werden. Eine Vollmondnacht wird mit Romantik und Verliebtheit in Verbindung gebracht, hat also Einfluss auf das menschliche Gemüt. Märchen und Geschichten handeln vom Mond. Hexen sammeln in Vollmondnächten Kräuter. Wurzeln sollten, um sie für rituelle Zwecke zu verwenden, nur in Vollmondnächten ausgegraben werden, da sie durch Sonneneinstrahlung ihre Wirkung verlieren können. Der Mondzyklus ähnelt dem Zyklus der Frau und hat Einfluss auf die Schwangerschaft. Kein anderer Planet – auch nicht die Sonne – wird mit so viel Aufmerksamkeit bedacht wie der Mond.

Doch was bedeutet die Mondkraft, wofür steht der Mond? Tauchen wir in die Welt des Mondes ein, öffnen sich verborgene Räume. Wir betreten die Welt des Mystischen, der Magie und des Unterbewusstseins. Hier leben unsere Träume und tiefsten Sehnsüchte und unsere verborgensten Gefühle. Das herrschende Element, auf das der Mond großen Einfluss hat, ist das Wasser. Wasser symbolisiert unsere Gefühle, unsere Emotionen. Die vier Mondphasen, Neumond, zunehmender Mond, Vollmond und abnehmender Mond, haben etwas Vertrautes für uns. Sensitive Menschen fühlen sich von ihnen gesteuert. Was für eine Macht!

Jede Frau ist eine Traumweberin

Der Mond steht mit der Weiblichkeit in Verbindung. Der Zyklus der Frau, ihre Träume und ihre emotionalen Bedürfnisse werden vom Mond beeinflusst. Viele Menschen nennen ihn deshalb auch »Mondin«. Mit ihm öffnet sich ein Raum für Ahnungen, Intuition, Hellsichtigkeit sowie das Wissen um die weiße Magie und die Kraft und Macht des Weiblichen.

Die Mondin möchte dich an deine Stärke, Kraft und Hingabe als Frau erinnern und den weiblichen Anteil in Mann und Frau gleichermaßen wach küssen.

Wir Frauen besitzen die Kraft, unsere Träume wahr werden zu lassen. Mitten aus dem Dunklen, dem Raum der Mondin, mitten aus unserer dunklen Gebärmutter entspringt Leben. Die Schamanen bezeichnen weise Frauen gerne als »Traumweberinnen«, das heißt nichts anderes, als dass sie ihre schöpferische Kraft mitten aus ihren Träumen weben. Als Frau besitzt du die Macht, verborgenes Unterbewusstes, Ahnungen und Intuitionen ans Licht zu bringen.

RITUAL: MONDMAGIE

Um ein Mondritual durchzuführen, brauchst du eine weiße Kerze, Papier, einen Stift, ein Feuerzeug oder Streichhölzer und ein feuerfestes Behältnis, in dem du Papier verbrennen kannst.

Schaffe dir für dein Ritual einen Raum, in dem du ungestört bist und in dem du dich voll auf dein Vorhaben konzentrieren kannst. Hilfreich ist es, diesen Raum vorher zu reinigen, indem du mit Weihrauchstäbchen räucherst. Konzentriere dich voll auf deine Absicht, denn Konzentration und Fokussierung auf dein Ziel haben eine große Wirkung.

Schreibe deine dringlichsten Wünsche auf ein Blatt Papier. Beachte bei deinen Wünschen die jeweilige Mondphase: Bei Vollmond beispielsweise, dem die abnehmende Mondphase folgt, schreibst du Wünsche auf, die sich auf etwas beziehen, das weniger werden, also abnehmen, soll, wie Geldsorgen, Gewicht, Krankheiten usw. Bei Neumond sollten es Wünsche sein, die etwas mit Zunahme zu tun haben, also Gesundheit, Fülle, Reichtum, Liebe usw.

Zünde die Kerze an, lies die Wünsche noch einmal laut für dich selbst, verbrenne sie dann an der Kerze, und lasse sie in dem feuerfesten Gefäß ausbrennen. Die Asche kippst du in fließendes Gewässer oder übergibst sie dem Wind, der sie in die Natur weht. Den genauen Zeitpunkt zu beachten, kann zusätzlich unterstützend wirken: Eine halbe Stunde bis zwei Stunden nach Vollmond ist besonders günstig. Aber grundsätzlich ist der ganze Tag geeignet.

Wenn du möchtest, stimme dich am Tag des Rituals schon auf das ein, was du anziehen oder loswerden möchtest. Schwinge in der Energie deines Vorhabens, indem du dich auf deine Wünsche ausrichtest. Beobachte einfach, was geschieht, und bereite dich gut vor. Ich wünsche dir viel Freude.

Schwarze Madonna

Sie besitzen etwas Mystisches und werden besonders innig verehrt: die Schwarzen Madonnen. Das Geheimnis ihrer Entstehung ist trotz vieler Erklärungsansätze noch nicht gelüftet. Orte, an denen Schwarze Madonnen zu finden sind, haben deshalb für viele Gläubige eine magische Anziehungskraft. Es gibt sie in Deutschland, Österreich, der Schweiz, Frankreich, Irland, Italien, Kroatien, Polen, Portugal, Rumänien etc., um nur einige Länder zu nennen. Schwarze Madonnen gelten als besonders wundertätig.

Als ich das erste Mal von der Schwarzen Madonna erfuhr, hat es mich gepackt. Allein der Name löste in mir ein ehrfürchtiges Staunen aus. Neben der jungfräulichen Maria, wie wir sie in unseren Kirchen als prägende Gestalt vorfinden, übte die Schwarze Madonna auf mich einen Sog aus voller Mystik, Verbotenem und Geheimnisvollem. So kam es, dass ich mehr über sie erfahren wollte, denn ich spürte instinktiv, dass diese Madonna ein größeres Geheimnis verbarg, als es auf den ersten Blick schien. Ich entdeckte, dass jährlich viele Menschen an die Stätten der Schwarzen Madonna pilgerten, um für sie zu beten. Zumeist stehen die Schwarzen Madonnen an Wallfahrtsstätten, und die Menschen erzählen sich viele Wundergeschichten über sie. Einige meinen, dass das Schwarz der Madonnen versehentlich durch den Russ einer Kerze entstanden sei. Doch das ist Unsinn. Die Madonnen bestehen aus uraltem, schwarzen Holz. Da das Schwarze gerne mit dem Teufel und dem Bösen assoziiert wird, geben diese Madonnen einige Rätsel auf.

Die wahre Bedeutung der Schwarzen Madonna

Warum hat die Schwarze Madonna eine so ungeheure Kraft inne? Jahrtausendelang hat man uns gelehrt: »Gott ist Licht.« Doch das Licht ist nicht die letzte Wirklichkeit … denn Licht wird aus der Dunkelheit geboren. Wenn man nun in innerer Versunkenheit vor dem Antlitz der Schwarzen Madonna steht, sieht man direkt in das Mysterium des Kosmos des ewig Weiblichen. Nur aus dem Ursprung kommt die wahre Kraft.

Die Schwarzen Madonnen sind das Gesicht der Kosmischen Mutter. Sie stehen genauso wie die Amazonen und die Lilithkraft für das urweibliche Prinzip – das, was wir verborgen in uns tragen und langsam wieder entdecken. Mehr noch: Sie verkörpern das Jenseits des ewigen Lichts, die dunkle Tiefe des Kosmos.

Schwarze Madonnen sind ursprünglich heidnische Figuren. Wir können davon ausgehen, dass überall, wo sie stehen, uralte Kultstätten der großen Göttin vorhanden sind. Die Schwarze Madonna verbindet uns mit der tief verborgenen Seite unserer wilden Kraft. Deshalb wurde ihr von der Kirche das heilige jungfräuliche Marienbild entgegengesetzt. Die Bedeutung der schwarzen Madonnen ging im Laufe der Zeit verloren. Heute wird diese lebendige Kraft wieder hervorgeholt und erinnert. Warum? Weil sie gebraucht wird in der heutigen Zeit eines großen Bewusstseinswandels. Es geht uns alle etwas an.

Besonders uns Frauen. Es geht um unsere Kraft, die jahrelang unterdrückt und verteufelt wurde und uns fast schon selbst Angst macht, so sehr leben die alten Überzeugungen in uns. Wir wollen lieber kontrollierend durchs Leben gehen und uns in Sicherheit wiegen. Doch Leben ist stets Veränderung und Wandel und niemals kontrollierbar. Dafür beschenkt uns der Strom des Lebens mit einer unfassbaren Lebendigkeit und dem Gefühl, unsere Aufgabe gefunden zu haben.

Mit diesem Buch möchte ich den Mantel der Vergessenheit ein wenig lüften und dich mit deinem wahren Kern rückverbinden. Die Schwarze Madonna zeigt uns dabei den Weg.

MEDITATION: REISE ZUR SCHWARZEN MADONNA

Du bist nun eingeladen, dir eine Auszeit von ca. einer halben Stunde zu nehmen. Suche dir einen gemütlichen Platz bei dir zu Hause oder in der Natur, je nachdem, was dir lieber ist. Wenn du zu Hause bist, dann lasse während dieser inneren Reise gerne leise ein ruhiges Musikstück deiner Wahl im Hintergrund laufen, zünde eine Kerze an, und wenn du möchtest, benutze duftendes Räucherwerk. Sorge dafür, dass du in der kommenden halben Stunde nicht gestört wirst.

Mache es dir nun liegend oder sitzend am Ort deiner Wahl bequem. Schließe die Augen, und atme dreimal tief in dein Herz. Lasse mit jedem Atemstoß alle Gedanken des Alltags aus dir hinausfließen, und komme mit jedem Atemzug mehr bei dir an. Wenn du so weit bist, fliege mit deinem Bewusstsein hoch in die Luft, und begib dich an einen Ort deiner Wahl, an dem sich eine Kirche oder Kathedrale befindet. Du kannst sie dir vorstellen, oder vielleicht kennst du auch solch einen Ort in der Realität. Stelle dir nun vor, wie du in diese Kathedrale hineingehst. Falls du Kirchen nicht magst, hilft es dir vielleicht, zu wissen, dass alle Kirchen und Kathedralen auf alten keltischen Kraftplätzen gebaut sind. Das Innere der Kirche ist menschenleer, du bist ganz alleine. Deine Augen brauchen einige Zeit, um sich an das Dunkle im Inneren der Kirche zu gewöhnen. Du gehst tiefer hinein und entdeckst die Statue der Mutter Gottes. Ihr Antlitz ist hell und rein. Sie lächelt lieblich. Du entzündest eine Kerze für sie und verweilst einige Zeit, um sie zu betrachten. Was fühlst du?

Auf einmal wird dein Blick wie von selbst auf eine dunkle Nische im Inneren der Kirche gelenkt. Als Erstes nimmst du das fantastische Lichtermeer aus Kerzen wahr, das sich dort befindet. Du wirst von diesem magisch angezogen und gehst auf die Nische zu. Dein Herz klopft schnell, und du fühlst, dass etwas Geheimnisvolles in dir aufsteigt. Als du bei der Nische ankommst, entdeckst du sie: Vor dir steht eine anderthalb Meter hohe Statue, ähnlich wie die der Mutter Gottes. Doch die Hautfarbe dieser Statue ist dunkel, fast schwarz. Königlich und erhaben schaut sie auf dich hinab, du wirst augenblicklich in ihren Bann gezogen, sodass du deinen Blick nicht mehr von ihr abwenden kannst. Du weißt nicht, warum dich diese dunkle Marienstatue so tief beeindruckt. Du setzt dich auf einen Stuhl direkt vor sie und versinkst in ihrem Anblick. Nimm wahr, was nun an Gefühlen in dir hochsteigen will. Was möchte sich dir zeigen? Wie empfindest du bei ihrem Anblick?

Auf einmal traust du deinen Augen kaum. Die Schwarze Madonna lächelt dir zu. Tatsächlich bewegt sie sich und wird lebendig. Sie steigt von ihrem Sockel hinunter und tritt zu dir. Du stehst auf und schaust in ihre schwarzen Augen. Sie nimmt dich an beide Hände, und stumm steht ihr dort und schaut euch an. Du hast das Gefühl, dass die Zeit stillsteht. Du kannst kaum beschreiben, welch eine Magie und Kraft von dieser lebendig gewordenen Madonna ausgeht. Was geschieht in dir, während du mit ihr dort stehst? Welche Impulse spürst du? Wie fühlt sich dein Körper an? Was immer auch geschehen möchte, gib diesem Raum.

…

Du weißt nicht, wie lange ihr dort schon steht, als sich die schwarze Madonna zu dir beugt, um dir etwas zuzuflüstern. Du vernimmst ihre leisen, doch eindringlichen Worte direkt an deinem Ohr. Es ist eine Botschaft und ein Geschenk von der Schwarzen Madonna nur für dich. Zum Abschluss küsst sie dich auf deine Stirn. Du hast den Eindruck, von Lavendelduft eingehüllt zu werden, und schließt deine Augen. Als du sie wieder öffnest, steht die Schwarze Madonna wieder an ihrem Platz. Sie ist wieder zur Statue geworden. Vielleicht glaubst du einen Moment, nur geträumt zu haben, doch dann fühlst du ihre Lippen auf deiner Stirn und erinnerst dich an ihre Worte. Du fühlst dich reich beschenkt. Du bedankst dich bei ihr und hast für einen Moment das Gefühl, dass sie dir zunickt. Es fällt dir schwer, dich abzuwenden. In der Gegenwart der Schwarzen Madonna hast du dich anders gefühlt, lebendig, stark und wie neu. Du trittst hinaus ins Freie. Strahlender Sonnenschein umhüllt dich. »Wie ein Gruß von IHR«, denkst du. Du kannst gar nicht mehr aufhören, an sie zu denken. Du fühlst, dass die heutige Begegnung etwas mit dir zu tun hat und beschließt, dich von nun an auf eine innere Reise zu begeben, um ihrem Geheimnis näherzukommen. Du ahnst, dass du mit jedem Schritt auch dir selbst näherkommen wirst.

Verabschiede dich nun von diesem Ort, und fliege mit deinem Bewusstsein wieder nach Hause, an den Ort, wo du gerade sitzt oder liegst. Lasse dich sanft wieder in deinen Körper hineingleiten, und recke und strecke dich. Lasse dir Zeit, komme in deinem Tempo wieder in deinen Raum zurück, und öffne die Augen. Wie fühlst du dich?

Wenn du möchtest, schreibe deine Erlebnisse auf. Wisse, dass du jederzeit erneut an den Ort reisen kannst, um der Schwarzen Madonna zu begegnen. Lasse das Erlebte tief in dir wirken, und schaue, was dir in den nächsten Wochen und Monaten begegnen möchte. Ich wünsche dir viel Freude.

Frauenheilkreise

Ich fahre eine Landstraße entlang. Die Sonne blendet mich, und ich kneife die Augen ein wenig zu. Gleich biege ich in die Straße ein, hoch zu »unserem« Berg. Gleich werde ich aussteigen, meine Kisten nehmen und den Berg hinaufsteigen. Im Gepäck meine Trommel, ein Zelt, Kochgeschirr und jede Menge Vorfreude. Gleich werden mich da oben Frauen empfangen. Sie werden ihre Arme ausbreiten und mich an ihr Herz drücken. Ich werde heimkommen. Vier Tage werde ich mit ihnen verbringen. Wir werden lachen, weinen, übers Feuer springen. Wir werden – vielleicht – streiten und uns wieder versöhnen. Wir werden seufzen und den Mond anbeten in dunkler, sternklarer Nacht. Wir werden uns vielleicht nackt in den Regen stellen, ihn genießen und über unsere geschundenen, wunderbaren Körper fließen lassen. Wir werden unsere Hüften wiegen, singen und tanzen. Wir werden gemeinsam um das Feuer sitzen und uns Geschichten erzählen. Vier Tage sich fallen lassen, im Schoße der Göttin, zur Göttin selbst werden. Frauenkraft. Hier kann ich einfach ich sein. Meine Schwestern verstehen mich, ich muss nichts zurückhalten. Wir singen dasselbe Lied. Wir schauen zärtlich über unsere Körper. Wir schlafen unter freiem Himmel. Diese Tage sind heilig für mich. So kostbar, dass ich alles dafür stehen und liegen lasse. Einmal, als mein Sohn noch klein war und ich niemanden fand, der auf ihn aufpasste, und fast schon unser Treffen absagen wollte, hatten alle gemeinsam beschlossen, ich solle

ihn einfach mitbringen. »Oje«, dachte ich, »das kann ja heiter werden. Wie soll ich das denn schaffen?« Ich brachte ihn mit und erlebte eines der wundervollsten Geschenke in meinem Leben. Im Kreis der Frauen wurden alle zu Müttern, mein Sohn war gebettet in die Wiege der Göttin selbst. Er wurde herumgereicht und hatte seine wahre Freude. Er wurde geliebt, gewiegt, bespielt und gehalten von jeder der Frauen. Er hatte auf einmal fast zwanzig Mütter. Ich war berührt und überwältigt. Und jedes Mal fahre ich dermaßen erfüllt von unserem Camp heim, dass es mir Kraft gibt für meinen Alltag. Ich weiß, der Kreis der Frauen und Ahninnen steht hinter mir …

Die Bedeutung des heiligen Kreises

Was bedeutet eigentlich »Frauen-Heil-Kreis«? In erster Linie ist ein Frauenheilkreis eine Zusammenkunft von Frauen. Dabei ist es erst einmal egal, ob ihr nur zu zweit oder mehrere seid. Ein wichtiges Symbol für euer Treffen ist das des Kreises. Was bedeutet das genau? Ich möchte dir das gerne erklären.

Ein Kreis ist rund, hat keinen Anfang und kein Ende. In einem Kreis sieht man sich an, keiner steht hinter oder vor dem anderen, alle sind gleichwertig. Jeder Kreis hat eine (heilige) Mitte, aus der man schöpfen kann. Alle Kreisteilnehmer sind auf diese Mitte ausgerichtet. Auch zu zweit könnt ihr einen kleinen Kreis bilden, indem ihr euch gegenübersitzt. Sobald ein Kreis existiert, entsteht eine Aufmerksamkeit nach innen. Der Kreis ist ein Symbol für Ganzheit, für Gleichgewicht, Harmonie, Ausgewogenheit und den Kosmos. Solange Menschen leben, solange sind sie von der Bedeutung des Kreises fasziniert. In allen Kulturen hat der Kreis eine bedeutende Rolle gespielt. Die Sonne und der Mond erscheinen als kreisrunde Scheiben am Himmel. Der Kreis ist ein Symbol für die Gottheit, für Vollkommenheit.

Für uns Menschen hat der Kreis etwas Einladendes und Beruhigendes. Wir freuen uns auf den Gesprächskreis, den Kreis der Familie, wir haben einen Freundeskreis. Ein Kreis betont das Dabei-Sein. Der Kreis ist ein Zeichen für Bindung, z. B. in Form eines Eherings. Aus unserer Kinderzeit kennen wir viele Kreisspiele. In der Folklore und bei rituellen Tänzen findet man Kreisformationen ebenfalls sehr häufig. Und auch Beschwörungstänze sind oft Kreistänze.

Mit dem Kreis verbindet schon das Kind eine besondere Hinwendung. Kinder wie auch Erzieher fasziniert es, im Reigen um den Baum zu tanzen oder im Kreis um ein Lagerfeuer zu sitzen. Ein Kreis kann auch ein magisches Schutzsymbol sein. Man zieht einen »Schutzkreis«, in dem man sicher und geborgen ist.

Für mich bedeutet ein Kreis immer etwas Besonderes. Ich gebe einer bestimmten Zeit, einem bestimmten Geschehen eine besondere Aufmerksamkeit, ich würdige es.

Stelle dir vor, du triffst dich mit Freundinnen. Ihr trefft euch in deinem Wohnzimmer. Jeder sitzt irgendwo anders, zwei am Esstisch, eine macht es sich auf einem Kissen auf dem Boden bequem, ein paar sitzen auf dem Sofa, und du hast es dir auf einem Stuhl bequem gemacht. Es sieht aus, als ob jemand ein paar Würfel, in dem Fall euch, in das Zimmer hat purzeln lassen. Die zwei am Tisch unterhalten sich leise, ihr anderen auch, einfach kreuz und quer. Eine lockere Zusammenkunft, die sicher toll ist …

Doch nun stelle dir vor, du hättest deine Möbel beiseite geräumt und auf dem Boden im Kreis dicke Sitzkissen ausgebreitet. In die Mitte hast du ein schönes Tuch gelegt und einen kleinen Strauß frische Blumen gestellt. Um die Blumen herum hast du eine Sammlung von schönen Edelsteinen drapiert, und du hast vielleicht sogar eine Kerze entzündet. Deine Freundinnen kommen an, und jede nimmt ihren Platz im Kreis ein. Ihr seid beisammen, und jede vermag jede anzuschauen, ohne sich zu verdrehen … Wie gefällt dir das? Spürst du die Wirkung, die solch ein Kreis augenblicklich hervorruft?

Ein Kreis, ob nun sitzend oder stehend, ruft in uns sofort eine feierliche Stimmung hervor.

Sicher kennst du das Musical »König der Löwen«. In diesem Musical gibt es ein Lied, es ist das Anfangslied, die »Eröffnung« sozusagen, und es heißt: »Der ewige Kreis«. Das Lied spricht von den Kreisläufen des Lebens und dass immer wieder alles von vorn beginnt, dass sich unser Leben »im ewigen Kreis« dreht. Es gibt keinen Anfang und kein Ende im Kreis. Es heißt aber auch: Jedes Ende ist auch ein Anfang.

Was Frauen sich gegenseitig schenken können

In vielen östlichen Kulturen und vor allem bei den indigenen Völkern sind Frauen sehr oft unter sich. Sie kommen z. B. während eines Familienfestes zusammen und versammeln sich in der Küche, um gemeinsam zu kochen. Sie schnippeln, erzählen und sind unter sich. Kein Mann würde sich in dieser Zeit in die Domäne der Frauen wagen. Bei vielen Naturvölkern ist es immer noch üblich, dass Frauen, die gleichzeitig ihre monatliche Blutung haben, für diese Zeit miteinander eine Hütte teilen.

Ich habe viel Zeit in türkischen und mongolischen Familien verbracht. Wir Frauen haben dann häufig gemeinsam in der Küche um einen Tisch gesessen und stundenlang mit viel Hingabe das Essen vorbereitet. Alle Frauen, vom kleinsten Mädchen bis zur steinalten Großmutter, waren dabei. Es wurden Probleme erörtert, nach Lösungen gesucht, der neueste Klatsch besprochen, weise Ratschläge erteilt, und vor allem wurde viel gelacht. Ich habe das stets sehr genossen, denn es gab mir das Gefühl von Zusammengehörigkeit und Verbundenheit. Ich fühlte mich als Teil eines Systems, als eine wichtige Zelle im Gefüge. Wenn wir dann mit den Männern zusammensaßen, warfen wir uns oft wissende Blicke zu, was die Verbundenheit noch stärkte …

In der westlichen Welt sind wir Frauen meist viel und oft alleine. Wir leben viel zurückgezogener und kennen diese Zusammenkünfte von Frauen nur bedingt. Es gibt auch Frauen, die sich inmitten von anderen Frauen manchmal verloren und wiederum viel sicherer fühlen, sobald ein Mann auftaucht.

In Frauenzusammenkünften, an denen wir teilhaben oder die wir selbst gestalten, ist vieles möglich, wenn wir bereit sind, uns ganz und gar darauf einzulassen. Ich habe oft erlebt, dass Frauen dafür Zeit brauchen. Sie sind am Anfang scheu und es nicht gewohnt, unter Frauen zu sein, um sich selbst ein Stück weit zu entdecken.

Abgetrennt von ihren weiblichen Wurzeln gehen Frauen heute wie selbstverständlich Wege, die von Männern für Männer entwickelt wurden. Frauen nehmen patriarchalische Regeln an, ohne eine Ahnung von der ihnen selbst innewohnenden Kraft zu haben. Sie leben von ihrer ursprünglichen Lebensnatur entfremdet, und das ist tragisch, denn ganz oft verleugnen sie den tief in ihnen schlummernden Drang, sich ganz und gar zu befreien und ihre weibliche Essenz wiederzuentdecken und zu leben.

Jede Frau sehnt sich nach Ganzheit und Lebendigkeit und nach der Verbindung zu ihrer weiblichen Ur-Kraft. Das macht sich in einem tiefen inneren Sehnen oder dem Drängen nach irgendetwas Unbestimmtem bemerkbar. Viele Frauen fühlen sich nicht vollständig – und schon gar nicht erkannt und gesehen.

Uns getrennt zu fühlen, ist Teil unseres tiefsten Schmerzes – getrennt von uns selbst, voneinander, von der göttlichen Quelle und von einer Realität, in der wir reine Liebe sind.

Es ist Zeit, Schritt für Schritt die Trennungen aufzulösen und in einem Leben der Verbundenheit mit uns selbst und allem Sein anzukommen.

Wenn Frauen sich im Kreis treffen und austauschen, stärken sie sich gegenseitig.

Im Kreis von Frauen können wir uns nach und nach bedingungslos fallen lassen. Als Frauen machen wir Ähnliches durch: Wir nähren, bekommen Kinder, reiben uns auf, geben und geben, erleben die gleichen Verluste und Schmerzen, natürlich jede auf ihre persönliche Art … und doch ähneln sich unsere Wege. Wir bangen um unsere Männer, Kinder, erkennen nicht, wie wundervoll und einzigartig wir sind, sondern plagen uns oft mit Selbstzweifeln und der Angst vor Sichtbarkeit. Wer einmal erlebt hat, wie eine Frau sich öffnet, sie ihren ganzen Schmerz herausschreit und von anderen Frauen gehört und energetisch getragen wird, nur um danach zu erleben, dass ihre Augen funkeln und sie zurückgekehrt ist in ihre tiefe Essenz, in ihre Kraft, weil sie den Mut hatte, verletzlich zu sein … Wer einmal erlebt hat, am ganzen Körper Schauer über Schauer zu spüren, weil eine andere Frau DEINE Geschichte erzählt, nur mit anderen Darstellern … Wer diese tiefe Ver-

bundenheit erlebt hat und dass da Frauen sind, die für dich aufstehen und mit dir gehen, der weiß, wovon ich spreche.

Der Alltag ist so viel schöner, wenn ich weiß, dass meine weiblichen Verbündeten an meiner Seite stehen. Zu wissen, dass ich nicht alleine alles durchmache, nicht alleine nach mir suche, dass es tausende von Schwestern da draußen gibt, die den gleichen Weg gehen wie ich, und dass ich dass Glück habe, mit einigen von ihnen REAL verbunden zu sein, erzeugt in mir eine unbeschreibliche Energie.

Ich liebe es auch, mit Männern verbunden zu sein. Doch sind wir mal ganz ehrlich: Wie erleichternd ist es, wenn dieser ganze Kram einfach wegfällt, den wir Frauen so drauf haben, sobald ein Mann in der Nähe ist. Ob unbewusst oder bewusst, es liegt einfach in unseren Genen.

Ein Kreis von Frauen vermag, dir Geborgenheit zu schenken, und ermöglicht dir, deinen Selbstwert zu heilen und zu stärken sowie deinen eigenen Ausdruck zu finden. Gemeinsam werden Themen aufgegriffen, die Frauen jeden Alters betreffen, wie z. B. die natürlichen Rhythmen einer Frau, Lebens- und Monatszyklen, Angst vor Verlust, Selbstliebe, der Umgang mit Wut und Zorn, Selbstzweifel, Kindererziehung, der Wunsch nach Gemeinschaft und sozialen Bindungen, die Sehnsucht nach Wildheit und Freiheit und viele weitere Themen. All das sind Themen, die Frauen verbinden.

Die tiefe Verbundenheit, die Frauen miteinander erleben können, wenn sie es gelernt haben, sich voreinander zu öffnen, ist überwältigend. Es ist eine ganz andere Art von Verbundenheit als die, die wir mit einem Mann erleben. Sie ist unendlich nährend, kraftvoll, pulsierend wie das Leben selbst, sie ist wie das Sinken in die Arme der Urmutter … Mit Worten ist es kaum zu beschreiben, du musst es selbst erlebt haben.

Unter Frauen ist es möglich, deinen tiefsten Schmerz, deine verborgensten Sehnsüchte auf eine Art und Weise zu zeigen, als würdest du der Urmutter, der Urquelle selbst gegenüberstehen. Gehst du durch diesen Prozess hindurch, und wirst du gehalten von weiblichen Energien, die genau wissen, wie du fühlst, wirst du im Urquell selbst erneuert und symbolisch wiedergeboren. Ein Hineinsinken in die weiblichen Kräfte, die in dir schlummern, wird so möglich. Du gelangst zu deiner tiefsten Essenz, aus der du als Frau neu schöpfen kannst.

Unendlich wie das Leben selbst ist die Gestaltung solcher Frauenheilkreise. Ein Beispiel aus meinem Erlebten möchte ich dir gerne erzählen:

Wir hatten eine neue Frau in unseren Kreis aufgenommen. Wir trafen uns zum Camp für vier Tage. Am zweiten Tag bot ich eine »Körperbemalung« für Frauen an. Ich stellte Erdpigmentfarben zur Verfügung, und jeder Frau war es selbst überlassen, ob und wo sie sich mit den Farben bemalen wollte. Es waren wunderschöne Farben, die man mit Wasser anrühren und mit den Händen auftragen sollte. Zwanzig Frauen waren fasziniert dabei, sich zu bemalen, es herrschte eine heilige und gleichzeitig unbeschwerte Atmosphäre. Nur die neue Frau saß schüchtern unter einem Baum und sah den anderen zu. Sie hatte mir von Anfang an signalisiert, dass sie dabei nicht mitmachen wollte. Das war völlig okay. Nach einiger Zeit kam sie näher und entblößte ihren gesamten Oberkörper. Langsam und bedächtig nahm sie mit ihrer Hand ein paar erdige Farben und schmierte ihren Oberkörper damit ein. Sie schien dabei wie in Trance. Immer ekstatischer griff sie zur Farbe und malte sich an – Brüste, Gesicht, sogar die Haare. Ich entdeckte, dass sie nur noch eine Brust hatte, an der anderen Seite befand sich eine tiefe Narbe. Es bewegte mich unendlich, sie so zu sehen. Sie strahlte eine ruhige, stille Würde aus, wie eine Königin. Die anderen bemerkten sie nicht, weil sie mit sich selbst beschäftigt waren. Die neue Frau wollte sich von ihren Farben die ganze Campzeit über nicht trennen. Sie schlief darin, und bei der Abschlussrunde erzählte sie unter Tränen, dass sie Brustkrebs hatte. Sie hatte sich ganz in sich zurückgezogen. Durch die Bemalung war etwas in ihr geschehen. Sie empfand sich wieder als schön, für sie war es wie eine zweite Haut, ein zweites Ich, zu dem sie nun geworden war. Dieses »neue Kleid« hatte sie zur Schönheit zurückgeführt, die sie jenseits von allen Äußerlichkeiten war. Während sie sprach, standen drei andere Frauen unter Tränen auf. Sie alle hatten Brustkrebs überlebt.

Dieses einfache Geschehen, spontan und überraschend, machte die Frauen zu Seelenschwestern, zu Verbündeten. Ich darf sagen, dass der ähnliche Weg, den diese Frauen gegangen waren, sie zusammenschweißte. Eine solche Kraft an seiner Seite zu wissen, ist ein Geschenk und macht stark und frei.

Seelenschwester werden
und die Wunde heilen

Vielleicht hast du schon einmal erlebt, wie es ist, für eine
Freundin ganz und gar da zu sein. Du kannst dich bewusst
dazu entscheiden, für die Frauen, die in deinem Leben sind,
eine Seelenschwester zu sein. Das bedeutet, dass du ihre Seele
erkannt hast und bereit bist, sie darin zu unterstützen, ihren
ureigenen Weg zu gehen. Und jedes Mal, wenn du eine andere
Frau anerkennst und ehrst, tust du das in Wirklichkeit für dich
selbst.

Indem du einer anderen Frau, deiner Freundin, Unterstützung und Hilfe zukommen lässt, heilt deine eigene Wunde in
Bezug auf Weiblichkeit – jedes Mal ein bisschen mehr. Was du
für eine andere Frau tust, indem du dich für sie einsetzt, sie
würdigst und ihr etwas von deiner Kraft gibst, kehrt sich um
und fließt verstärkt wieder zu dir zurück. Denn in Wirklichkeit kannst du nur das in einer anderen Frau erkennen, was
du selbst in dir trägst. Sie ist immer und überall dein Spiegel.
Schau in den Spiegel. Was siehst du?

RITUAL:
DER HEILIGE BUND

Ich lade dich ein, das heilige Bündnis der Schwesternschaft zu erneuern. Du warst schon immer ein Teil dieses Bündnisses. Du warst niemals davon getrennt. Es
ist wichtig, dich heute daran zu erinnern, dass du eine
Frau bist und deine Kraft, ja, dein ganzes Sein gebraucht
wird. Zu lange hat diese weibliche Kraft im Verborgenen
geschlummert und war sich ihrer Bedeutung nicht mehr
bewusst. Doch nun geht die Welt in ein neues Zeitalter. Du
merkst dies daran, dass alle alten Systeme immer mehr zu-
sammenbrechen. Etwas vollkommen Neues will entstehen.
Die weibliche Kraft, die auch in Männern lebt, führt und
entscheidet auf ganz andere Art und Weise als das Männliche. Sie wird dringend gebraucht, denn sie wird die Welt ins
Gleichgewicht und in die Heilung bringen.

Du kannst dein Bündnis einfach erneuern, indem du beschließt, von nun an erneut in den heiligen Kreis der Schwesternschaft einzutreten. Wenn du möchtest, mache ein kleines Ritual daraus:

Ziehe dich zurück an einen Ort deiner Wahl, entzünde eine
Kerze oder verbrenne Räucherwerk. Atme tief in dein Herzzentrum, und lasse die Worte aus deinem Inneren emporsteigen, die kommen wollen. Bezeuge, dass du von nun an mit
deiner weiblichen Kraft Mutter Erde und alle weiblichen
Aspekte unterstützen wirst, so, wie deine Seele

es möglich macht. Lasse dich von deiner inneren Kraft führen.

Viele Frauen sind ganz erstaunt, wenn sie spüren, WIE gut die Seele sie führt, wenn sie ihr lauschen und ihr Raum geben. Die innere Führung ist deine urweibliche Weisheit, die schon immer da war und immer da sein wird. Vertraue dich ihr an, und gehe deinen Weg in der großen Schwesternschaft. Erinnere dich daran, du bist eine Göttin in einem menschlichen Gewand.

Tipps zur Gründung eines Frauenheilkreises

Ein Kreis von Frauen kann die kraftvollste Macht sein, der du je begegnet bist. Wenn du einen hast, dann halte ihn in Ehren. Falls du keinen hast, mache dich auf, und suche dir einen. Wenn du ihn gefunden hast, wirst du erfahren, wie segensvoll das ist. Tauche voll in diesen Kreis ein. Sei geduldig. Lasse die Liebe fließen. Zeige dich! Und, das ist ganz wichtig: Lasse den Kreis DICH sehen! Wirf alte Geschichten von dir über Bord. Zeige dich nackt. Lasse all deine zurückgehaltenen Tränen fließen. Es werden Ströme sein, reich gefüllt mit Vergangenheiten, doch sie werden sich ins Meer ergießen, und du wirst erfüllt werden. Lasse das, was in dir aufsteigen will, kraftvoll ans Licht. Du wirst sehen, wie sehr es dich verändert.

Du hast nun Feuer gefangen und kannst es gar nicht erwarten, dich mit anderen Frauen zusammenzutun? Oder du bist noch unsicher und möchtest erst einmal schauen, was es da draußen in der Welt so gibt?

Frauenkreise und Zirkel gibt es inzwischen sehr viele in der Welt. Es gibt Frauenheilkreise, Tempeltreffen, Treffen der Yoginis, schamanische Frauenheilkreise und vieles mehr. Finden kannst du einen solchen Kreis z. B. über das Internet. Suche nach »Frauenzirkeln« oder »Frauenheilkreisen« in deiner Nähe. Schaue in spirituellen Portalen nach, oder frage gezielt andere Frauen. Schaue dich um. Beim ersten Mal bedarf es vielleicht noch etwas Mut, ein solches Treffen zu besuchen.

Doch sei gewiss: Wenn du dich aufmachst, wird das für dich Richtige schon auf dich warten. Ich bitte dich, gehe mit geöffnetem Herzen, und schaue, was passiert.

Doch was, wenn kein einziger Frauenheilkreis in deiner Nähe existiert? Dann werde selbst aktiv. Das muss nichts Großes sein. Du kannst dich zum Beispiel erst einmal mit deinen Freundinnen treffen. Erzähle ihnen, was du vorhast, und frage sie, ob sie bereit wären, mitzumachen. Du kannst den Frauenheilkreis zu Hause in deinen Räumlichkeiten ausrichten und später, wenn der Kreis gewachsen ist, vielleicht irgendwo einen geeigneten Raum mieten. Du wirst staunen, wie schnell so ein Kreis wächst, wenn andere Frauen davon erfahren. Viele Frauen tragen in sich eine tiefe Sehnsucht nach Verbindung mit anderen Frauen, nach Unterstützung und echtem Gesehen-Werden. Du wirst spüren, wie groß dein Kreis werden soll. Denke daran, ein großer Kreis bedeutet große Fülle und viele Facetten der weiblichen Kraft, ein kleiner Kreis hingegen bietet mehr Möglichkeiten, in die Tiefe zu gehen.

Da das Gründen eines Frauenheilkreises ein ganzes Buch zu füllen vermag, hier eine kurze Anleitung:

- Mache es so, wie weiter oben beschrieben: Bilde durch Kissen, Stühle etc. einen Kreis, und gestalte eine Mitte. Manche Frauen kommen dabei besonders in ihre Kreativität und gestalten passend zum jeweiligen Thema wahre Kunstwerke!

- Halte einen Stein, einen schönen Stock oder Stab bereit, der euch als Redestab oder -gegenstand dient. In Vorstellungs-

und Reflexionsrunden bekommt die jeweils sprechende Frau den Stab oder Gegenstand, und niemand darf sie beim Reden unterbrechen. Die Frau, die den Gegenstand erhält, bekommt auf diese Weise die volle Aufmerksamkeit. Ihr könnt gemeinsam den Stab, den Stein etc. verschönern, sodass er die Kraft aller Frauen enthält.

- Gestalte am Anfang und am Ende jedes Treffens eine Rederunde. Zu Beginn bekommt jede Frau Raum, von sich zu erzählen und davon, was sie beschäftigt. Zum Abschluss darf ebenfalls jede Frau sagen, was sie aus dem Kreis mit nach Hause nimmt und wie sie sich jetzt fühlt. Du kannst auch nach Übungen und Meditationen eine Reflexionsrunde gestalten. Vielleicht hat eine Frau etwas Wesentliches erlebt. Wenn ihr viele Frauen seid, ist es sinnvoll, die Redezeit der jeweiligen Frau auf etwa zwei Minuten zu beschränken. Das hilft auch, sich auf das Wesentliche zu konzentrieren.

- Suche dir mindestens eine Meditation, Übung oder einen Tanz aus, die/den du gemeinsam mit den Frauen zelebrieren möchtest. Schön ist es auch, etwas gemeinsam zu basteln, zum Beispiel einen Traumfänger oder einen Ahninnenschild. Frage die Frauen nach ihren Fähigkeiten, du wirst staunen, welche Möglichkeiten sich euch eröffnen.

- Legt reihum die »Moderation« fest, d. h. jede Frau gestaltet einmal ein Treffen. Oder sammelt zu einem Thema jeweils das, was jede Frau dazu anbieten möchte. Auf diese Weise erlebt ihr die ganze Fülle eurer Gemeinschaft.

- Wenn du möchtest, lege ein Thema fest, zu dem ihr euch trefft. Du wirst erstaunt sein, was zum Vorschein kommt. Mögliche Themen könnten sein: Männer, Menstruation, Wechseljahre, die rote Göttin, die weise Alte, Väter, Mütter, Kindheit, Beziehungen, Beruf, Sinn des Lebens, Spiritualität … euch sind keine Grenzen gesetzt. Alles ist möglich. Entscheidet gemeinsam, welche Themen erwünscht sind.

Dies ist nur ein kleiner Einblick in die Möglichkeiten zur Gestaltung eines Frauenkreises. Nach ein paar Treffen werden dir viele Dinge einfallen, die du gestalten und ausprobieren möchtest. Das macht große Freude.

Natürlich gibt es aber auch einige Punkte, die euch und euren Kreis von dem eigentlichen Sinn und Vorhaben abbringen können. Folgende Dinge solltet ihr vermeiden:

- Trefft euch wirklich nur für die Aufgaben des Kreises. Wenn ihr quatschen wollt – ich weiß, wie gerne Frauen das tun –, dann trefft euch dafür ein anderes Mal. Beim Frauenkreis ist es wichtig, die empfangenen Energien nicht durch Reden zu zerstreuen und verpuffen zu lassen. Deshalb ist auch ein Redestab sehr wichtig. Haltet euch selbst in der Energie des Kreises. Erst nach dem bewussten Schließen des Kreises, darf das Notwendige beredet werden.

- Gebt auch konstruktiver Kritik oder zurückgehaltenen Botschaften Raum, wenn euch einmal etwas nicht gefällt oder ihr euch verletzt fühlt. Nutzt auch dafür den Redestab oder

-gegenstand. Oft wollen Botschaften nur gehört werden. Entwerft Regeln, wie so etwas auszudrücken ist.

- Wenn ihr einmal Meinungsverschiedenheiten habt, vermeidet Diskussionen, die zu nichts führen. Habt den Mut, auch Dinge stehenzulassen. Wenn es tief brodelt, dann versucht, möglichst klar und präzise auszudrücken, was ihr empfindet. Bleibt dabei mit euren Botschaften bei euch. Sollte eine Frau jedoch immer wieder den Rahmen sprengen und den Kreis empfindlich stören, solltet ihr darüber nachdenken, ob sie wirklich am richtigen Ort ist.

Es ist eine große Chance für jede Frau, sich innerhalb eines Kreises ihren Themen zu stellen und dahinterzublicken. Das erfordert auch Mut und den Wunsch, wirklich und wahrhaftig zu wachsen und bei sich anzukommen. Nirgendwo gelingt dies besser als in einem Frauenkreis, wenn sich die richtigen Frauen zur richtigen Zeit am richtigen Ort zusammenfinden. Das ist dann ein wahrer Segen. Du kannst zu der Frau werden, die du bist. Du darfst staunen und vielen Wundern begegnen. Doch das größte Wunder bist DU.

Ich wünsche dir viel Freude beim Suchen und Finden.

Das Männliche und seine Bedeutung in der Welt der Frauen

Männer auf der Suche nach ihrer Rolle

Ich gebe es zu: Auch wenn ich seit Jahren hauptsächlich Frauen begleite und es liebe, die ursprüngliche, wilde Kraft in uns zu entdecken, liebe ich die Männer mit ihrer eigentümlichen Kraft sehr. Aus meiner Sicht haben es die Männer in ihrer Rolle nicht unbedingt leicht! Frauen haben sich in den letzten Jahren sehr verändert, sie sind selbstbewusster und stärker geworden, sie haben die Göttin in sich entdeckt und brechen auf zu neuen Ufern. Jahrhundertelang war das Patriarchat der Männer Heimat. Mit dem Wandel der Frauen haben viele Männer versucht, sich zu ändern. Ich kenne viele, die der Göttin in uns wirklich dienen wollen, auch wenn sie nicht recht wissen, wie sie das am besten anstellen sollen. Wir Frauen sind ihnen nicht unbedingt eine große Hilfe, denn in erster Linie geht es für uns noch immer darum, unseren eigenen Weg zu finden, was nicht immer leicht ist. Das hat zu einer tiefen Verunsicherung der Männer geführt. Viele Frauen brechen nun auf und finden in ihre Kraft. In meiner Arbeit mit Frauen höre ich sehr oft, dass diese sich einen bewussten, wachen Mann wünschen. Doch ich erlebe auch, dass, wenn dann mal einer kommt, der wach genug ist, sie zu sehen, Frauen oft Angst haben und sich dieser möglichen Verbindung nicht stellen. Das Thema »Mann – Frau« füllt viele Bücher – darum geht es in diesem Buch nicht. Und doch möchte ich der männlichen Kraft in diesem den Frauen gewidmeten Buch auch einen Raum geben. Denn durch Männer können wir Frauen in die Vollendung kommen. Männer und Partnerschaften können für uns Turbobeschleuniger sein auf dem Weg zu unserer inneren Göttin.

Was passiert, wenn Mann und Frau die Verletzungen ablegen ...

Was meine ich damit? Ich meine damit, dass wir verstehen müssen, dass wir uns in erster Linie um uns selbst kümmern müssen. Wir sind diejenigen, die unseren Weg gehen – niemand anderes erledigt diesen Job. Denken wir das dennoch heimlich, still und leise im Inneren, ist Chaos vorprogrammiert. Dann wird endlos projiziert, Schuldzuweisungen werden hin- und hergeworfen, und nichts ändert sich. Verletzungen ablegen, damit meine ich, dass jeder die volle Verantwortung für sich selbst übernimmt. Das Einzige, was du *ihm* versprechen kannst, ist, dich um dich selbst zu kümmern. Das ist das größte Geschenk. Du machst damit einen Weg frei.

GELIEBTER MANN!

Ich habe dich heute gerufen,
um mich dir zu zeigen,
nackt, bloß, verwundbar,
stark und verletzlich.
Ich stehe vor dir und sehe dich an,
und Liebe strömt durch mein Herz
und Verstehen im endlosen Fluss des Lebens.

Ich bin gekommen, um dir etwas zurückzugeben
und das wieder zurückzunehmen, was nicht zu dir gehört.
Ich warf auf dich meine Erwartungen,
mein Bedürfnis, geliebt zu werden,
meine ganze Hingabe und Kraft.
Ich warf auf dich die Rolle
des Erretters und Beschützers.
Du solltest meine Löcher stopfen und meinen Mangel
und meine Kleinheit bedecken,
wofür ich mich so sehr schämte.
Wieder einmal bin ich in die Falle getappt,
weil sie so verführerisch war.
Ich überhörte meine inneren Stimmen
und warf mich voll in die Liebe.

Heute stehe ich vor dir,
um alles zurückzuholen,
zu mir, wo es hingehört.

Ich nehme das Paket,
das ich dir leichtfertig gab, wieder an mich,
denn kein anderer als ich vermag, es zu halten.
Und ich gebe dir deines wieder zurück,
nehme mein kleines Mädchen von deinem Schoß
und gebe dir sanft deinen verletzten Jungen,
den ich hütete aus falsch verstandener Liebe.

Ich sehe dich an und erkenne,
welch ein Geschenk du bist.
Ein Bote der Liebe, gesandt von weit her.
Doch erst musstest du mich so tief verletzen,
bis in den inneren Grund hinein,
dass ich alles verlor,
mich, dich, die Liebe, den Glauben
und die Hoffnung.
Und ich musste erleben, dass nichts half,
kein Schreien, kein Weinen, keine Ablenkung.
Nichts griff mehr, ich fiel in die tiefste Tiefe.
KATHARSIS.

Erst dann begriff ich
das Geschenk der Liebe,
die dich erhöhen will, die dich drischt,
bis du nackt bist.

Ich danke dir, geliebter Mann
und lasse dich frei,

lasse mich frei
und trenne die Fäden,
die sich zwischen uns bildeten
und an denen ich zerrte.
Diese Liebe lässt mich weinen
aus Dankbarkeit,
wegen ihrer Größe
und der Wunde des Verstehens.
Du bist frei.
Ich bin frei.

Ich verneige mich vor dir
und weiß, ja, ich weiß:
NICHTS, WAS ZUSAMMENGEHÖRT,
KANN JE GETRENNT WERDEN!
Aber ich werde nicht warten.

Ich gehe meinen Weg in Stiefeln,
die DU mit LIEBE gefüllt hast,
und sie werden mich
bis in die Ewigkeit führen …

Was Mann und Frau sich gegenseitig schenken können

Die Indianer sagen:

»Die höchste Berufung einer Frau ist es, den Mann zu seiner Seele zu führen, damit er sich mit seiner Quelle verbinden kann. Die höchste Berufung des Mannes ist es, die Frau zu beschützen, damit sie frei und unverletzt auf der Erde wandeln kann.« *(Sprichwort der Cherokee)*

Wir Frauen können mit unserer Kraft und Stärke alles erreichen auf dieser Erde. Wir vermögen, die höchsten spirituellen Bereiche zu erleben. Das ist wunderbar. Und doch gibt es da noch etwas, etwas, was sich anfühlt wie eine höchste Vollendung, wie ein Puzzleteil, das uns nach Hause bringt. Und das ist die Vereinigung von Männlich und Weiblich.

Du kannst diese Vereinigung in dir selbst erleben, durch die Vereinigung deiner männlichen und weiblichen Anteile … oder durch eine gelebte Partnerschaft. Du kannst dies nicht erzwingen, denn es wird dir geschenkt, wenn es sein soll. Ich erlebe das immer wieder. Da finden sich auf einmal Menschen, die zusammengehören und die sich gegenseitig entzünden. Symbolisch gesehen wird das Feuer im Mann durch die Liebe der Frau entfacht. Die Frau hütet fortan dieses Feuer in ihrem Schoß, und der Mann vertraut ihrer Intuition und lässt sich von ihr führen. Doch sie kann nur führen, wenn ER sie beschützt und den Weg frei hält. Und so ist es ein ewiges Gegenseitig-Nähren und Genährt-Werden. Dies ist unbedingt auf höherer Ebene zu sehen. Im Irdischen sind wir als Mann und Frau immer wieder Prozessen und Herausforderungen unterworfen. Das ist oft nicht einfach. Doch wenn wir uns immer wieder auf dieses gemeinsame Im-Feuer-Stehen ausrichten, haben wir ein gemeinsames Ziel, das uns tragen kann.

LIEBER MANN!

Ich möchte dir sagen, dass es mir leidtut.
Jahrtausendelang warst du der Täter,
wurdest verurteilt und gemessen an deinem Missbrauch,
deiner Gewalt und der Entwürdigung uns Frauen gegenüber.
Doch heute möchte ich DICH um Verzeihung bitten
und daran erinnern, dass es auch Frauen gab und gibt,
die dich nicht sahen, nicht sehen, dich herumschubsten.

Frauen, die sich befreiten und stark wurden
und die Kraft dazu nutzten, um dir gegenüber
zur Furie zu werden. Zur alles verurteilenden Göttin.
Zum Racheengel, um dich büßen zu lassen,
was »Mann« uns Frauen antat.

Frauen, die ihr Spiel mit dir spielten,
dich lockten auf falsche Fährten,
nur, um dich fallenzulassen, wenn du angebissen hattest.
Frauen, die ihre Intrigen schmiedeten
und ihr spinnenartiges Netz in einer Sekunde zuzogen,
sobald du darin gefangen warst.

Frauen, die dich immer wissen ließen,
dass du niemals an sie herankommst
und unter ihrer Würde bist.

Frauen, die wie Sirenen lockten mit ihrem süßen Gesang,
der dich magisch anzog, und die dich doch nicht wollten,
und dich wissen ließen, dass du niemals auf derselben
Stufe stehen würdest wie sie.

Frauen, die dir nicht die Hand reichten,
dich vor ihrem Tor der Süße
stehen ließen und sich abwandten.
Mütter, die ihre Söhne ziehen ließen …
nicht nährten, nicht hielten
und keine Träne zu sehen wünschten.
Frauen, die um Macht buhlten und dich mit ihren Künsten
verführten, nur, um dich zu Fall zu bringen.

Und … FRAU … in JEDER von uns sind ansatzweise diese
verborgenen Seiten … wir kennen sie.

Lieber Mann, es wird Zeit, dass diese Machtspiele
der Jahrtausende zwischen uns,
diese Maßlosigkeiten, diese Lügen, diese Irrungen,
diese Verletzungen, diese Tode aufhören!

Lieber Mann, es tut mir leid.
Ich sehe deine Hilflosigkeiten, deine Verwirrtheit,
deine Ohnmacht, wenn du gewahr wirst,
was weibliche Kraft wirklich bedeutet.
Bitte verstehe, dass die Pforten zur Öffnung
des weiblichen Schoßraumes nur
und wirklich nur über das Herz erschlossen werden.
Über die Seele, die berührt werden will.

Erwache, Mann, dass du mit uns wandern kannst
und wir nicht irgendwann
nur noch am Horizont zu sehen sind.

Lieber Mann,
wir brauchen dich. Wir wollen dich.
Deine Stärke ergänzt unsere,
und deine Liebe trägt uns empor
zu unserer Bestimmung.

Indem du UNS siehst, können wir dich erkennen
und erheben dich in die Geheimnisse der Weiblichkeit,
die tiefer sind, als du jemals dachtest.
In denen du baden wirst,
um aufzusteigen wie ein Gott in all seiner Pracht.

Lass uns gehen, Mann, um neue Geschichten zu leben …
Hand in Hand, gemeinsam, Pole vereinend,
verschmolzen im Licht …
Denn die Kraft, die wir Frauen haben,
ist stark wie ein junger Morgen, doch mit dir,
mit dir, fliegen wir zum Licht!

Lieber Mann …

Im Folgenden möchte ich dir eine Übung vorstellen, die du machen kannst, wenn du mit einem Mann sehr starke irdische Herausforderungen zu meistern hast. Sie bringt dich wieder auf eine ursprüngliche, seelisch-geistige Ebene, aus der du dann erneut zu handeln vermagst.

ÜBUNG: HEILUNG UND AUSSÖHNUNG MIT EINEM MÄNNLICHEN PARTNER

Nimm dir eine Auszeit von ca. 30 Minuten. Du kannst diese Reise grundsätzlich mit jedem Menschen machen, mit dem du dich in deiner Kommunikation gestört fühlst – ob männlich oder weiblich. In dieser speziellen Übung unternehmen wir die Reise mit einem männlichen Partner/Freund:

Schaffe dir einen heiligen Raum, indem du z. B. mit deinem Lieblingsduft räucherst und eine Kerze entzündest. Es ist auch möglich, im Hintergrund eine ruhige, fließende Musik laufen zu lassen. Du kannst diese Übung im Sitzen oder Liegen machen, ganz so, wie du dich am wohlsten fühlst. Mache es dir bequem, und schließe deine Augen. Atme ein paar Mal ein und aus. Komme ganz bei dir an. Stelle dir nun vor, wie du deinen Partner oder Freund zu dir bittest. Bitte ihn, sich vor dich hinzustellen, und tritt ihm in deiner Fantasie gegenüber. Berühre ihn nicht. Schaue deinen Partner an, und nimm wahr, was zwischen euch steht. Urteile nicht, es geht darum, die Dinge nur anzuschauen, ohne eine Bewertung. Vielleicht ist es dir schwer ums Herz, vielleicht empfindest du Schmerz oder auch Gleichgültigkeit. Alles, was du fühlst, ist gut. Es gibt bei dieser Übung kein Richtig oder Falsch. Bitte jetzt darum, dass du mit deinem Partner auf die nächst höhere Ebene gehoben wirst. Ihr erhebt euch nun aus dem irdischen Feld. Beobachte einfach, was geschieht. Warte eine Weile, bis du alle Gefühle und Gedanken wahrgenommen hast, und gehe nun noch eine weitere Ebene hinauf. Du hast aus den höheren Ebenen nun einen anderen Blickwinkel auf die Geschehnisse zwischen euch. Hier weht sozusagen ein anderer Geist. Du kannst mit deinem Partner nach und nach bis zur siebten Ebene hinaufsteigen. Mache das Schritt für Schritt, und beobachte, was sich dir zeigt. Lasse alle Bewertungen fallen. Gehe so weit, bis du das Gefühl hast, dass du dich wieder mit deinem Partner verbunden fühlst. Auf den höheren Ebenen verlieren die irdischen Gegebenheiten an Bedeutung. Es ist, als würdest du dich von einer höheren Warte aus betrachten. Schaue einfach, was geschieht.

Wenn du Frieden fühlst und eure Schwierigkeiten verblassen, dann tritt den Rückweg an. Nimm den Frieden aus der jeweils höheren Ebene wieder Stück für Stück mit hinab, Ebene um Ebene, bis du wieder im irdischen Feld angekommen bist. Du stehst deinem Partner immer noch gegenüber. Schaue, was geschieht. Was nimmst du wahr? Wie geht es dir?

Wenn du das Gefühl hast, dass es genug ist, bedanke dich bei deinem Partner, und entlasse ihn. Wenn du bereit bist, recke und strecke dich, öffne langsam deine Augen, und komme mit deiner Aufmerksamkeit wieder in den Raum hinein. Willkommen zu Hause.

Wenn du möchtest, schreibe alles auf, um es dir immer wieder anzusehen.

Ausklang

Wir sind nun auf unserer gemeinsamen Reise fast am Ende angelangt. Ich bin gerne mit dir gewandert. Manche Plätze haben wir nur kurz besucht und an anderen Orten verweilten wir länger. Wie geht es dir? Bist du noch dieselbe wie am Anfang unserer Reise? Jetzt, zum Schluss wollen wir uns noch einmal erinnern, worum es wirklich geht. Wir wollen es auf den Punkt bringen. Noch ein letztes Mal nehme ich dich an die Hand, und wir machen Station. Schau nur … eine neue Welt …

Indem ich dich erinnere, warum wir hier auf Erden sind, erinnere ich auch mich. Ich habe uns nun zu Schwestern gemacht, zu Verbündeten auf unserem Weg. Ich schrieb dieses Buch, weil ich eine neue Welt mit dir gestalten möchte. Alleine schaffe ich das nicht. Ich stelle mir diese neue Welt vor, voll von weiblicher Kraft und lebendigem Sein. Eine Welt, in der wir das Geschenk hinter unseren Wunden entdecken. Eine Welt, in der unsere Wunden heilen.

Das Geschenk hinter der Wunde

Diese Tage … manchmal überfallen sie mich regelrecht. Diese Tage, wo alle anderen besser sind als ich. Diese Tage, wo ich mich ständig vergleichen muss. Gnadenlos die innere Stimme in mir, die mir überall etwas präsentiert, was mir den Atem raubt: »Schau nur, wie perfekt sie aussieht! …WOW, wie viel Erfolg sie hat! … Wie schafft sie es nur, immer am Ball zu bleiben?«

Ich bewundere und bestaune meine Schwestern – ja, es sind FRAUEN, mit denen ich mich vergleiche. Jede ist so toll, so einfallsreich, so liebevoll, so schön, so schlank. Ich blicke in all die Gesichter, die Leben, die Situationen der anderen. Und dann sehe ich mich. Unkontrolliert bricht ein Gefühl in mir hervor, schleicht langsam durch mein System, um mich für heute zu besetzen. Es wird mir schwer ums Herz, und eine Traurigkeit rinnt durch alle meine Adern. Und ich?

Ich fühle mich klein und wertlos und vor allem sinnlos. Was habe ich denn schon hingekriegt in diesem Leben? Habe ich nicht alles falsch gemacht?

Uns Frauen wurde das Vergleichen bei unserer Geburt in den Schoß gelegt. Weil wir Frauen sind. Dieser ständige Zwang. Und dann schafften wir es durch viel Arbeit an uns, uns endlich selbst zu sehen und zu würdigen. Die anderen anzu-erkennen, von ihnen zu lernen. Schwester zu sein auf einem ähnlichen Weg.

Doch diese Tage sind immer mal da – mal mehr, mal weniger. Da wollen wir uns verkriechen, nicht sichtbar sein. Die Tage des Zweifelns, der Verletzlichkeit, des Haderns mit unserem Weg, mit uns, mit unserem Körper, unserer Arbeit, mit dem, was wir tun.

Die Tage, an denen wir nicht sehen können, wer wir wirklich sind, was wir alles schon erreicht haben und dass wir von innen heraus leuchten. Und natürlich gibt es die Zeiten, in denen wir uns selbstsicher der Welt präsentieren, wo alles gut läuft, wir uns sicher fühlen. Doch von denen spreche ich jetzt nicht.

Ich spreche von den dumpfen Tagen, an denen unser Blick sich verdunkelt. Wo wir Schmerz in uns tragen und ihn nicht mehr verstecken können, die Tage, an denen wir denken, dass wir nur ein winziger Teil von einem riesigen Gefüge sind … endlos klein, nichtig und verloren. Und dass uns sowieso keiner sieht oder übersieht oder falsch sieht.

Das sind die Tage, an denen ich vergesse, dass ich vier Kinder geboren habe und (fast) alleine großzog. Dass zwei meiner Söhne todkrank waren und sie durch meine Unterstützung nun leben. Dass ich überlebt habe. Dass ich gekämpft und geliebt habe. Und dass ich hinfiel und wieder aufstand. Dass ich etwas Gutes aus meinem Leben gemacht habe und ICH begnadet bin. Dass ich Missbrauch überlebt habe, obwohl es im Alter von zwei Jahren begann. Und, und, und …

Ja, es gibt sie, die dunklen Tage. Und mit ihnen eine Gewissheit, die immer wieder aus ihnen emporsteigt: Du bist wundervoll! Wie stark du bist! Wie schön! Was für eine Liebende … was du alles geschafft hast! Wie du überlebt hast! Was du aus deinem Leben gemacht hast! Was du alles schon in die Welt geboren hast!

Und ich frage dich, Schwester: Was ist es, was du immer mal wieder über dich vergisst?

Ich komme, DICH ZU ERINNERN!

Vielleicht bist du im Laufe deines Lebens verletzt worden.
Vielleicht hattest du nicht die Mutter, die du brauchtest, bist
verlassen worden, hast kein Vertrauen in Freundinnen und
hast bis jetzt keinen Mann getroffen, der dich so liebt und
dich so sieht, wie du bist … Vielleicht fällt es dir schwer, deine
weibliche Kraft zu entdecken.

Dann will ich dir eines sagen: Ich sehe dich! Ich kann sehen,
wie diese Kraft und Schönheit in dir wohnt. Ich sehe, wie das
Leiden etwas in dir bewirkt hat. Du lebst! Du bist vielleicht
vorsichtiger geworden oder überlegter oder deine Erfahrungen haben dich stärker gemacht. Nur du kannst wissen, was
sich in dir entwickelt hat. Wer du bist. Und ich sage dir, egal,
was du erlebt hast, du kannst jede Leidensgeschichte in eine
Heldinnengeschichte verwandeln. Ändere deine Sichtweise.
Mache dich auf, die Geschenke dahinter zu entdecken. Was
haben dir gewisse Situationen abverlangt? Welche Qualitäten
hat das Leben gefordert, damit du weitergehen konntest? Denke einmal darüber nach. Du bist eine Heldin, so oder so. Die
weibliche Urkraft fließt auch in dir. Lasse sie uns gemeinsam
in die Welt tragen …

Deine Entscheidung:
voll und ganz JA sagen

Wenn du den Weg der Schwesternschaft gehen möchtest, musst du nicht wissen, wie das geht. Das Einzige, was es braucht, ist deine Bereitschaft, diesen Weg zu gehen. Es braucht dein JA. Und nicht irgendein Ja, es braucht dein vollständiges, klares Ja. Dann werden sich dir weitere Schritte auftun, dein Leben wird geführt werden. Den Weg der Schwesternschaft zu gehen, bedeutet ab nun, dir Verbündete zu suchen, die dich dabei unterstützen, deinen Weg der weiblichen Kraft zu gehen. Dich in all den Facetten zu erfahren, die in dir sind und die du möglicherweise noch gar nicht entdeckt hast. Es ist ein stetiger Weg hin zu Kraft und Fülle, du gibst dir die Erlaubnis, zu blühen. Auf diesem Weg wirst du staunen, denn er wird nicht aufhören, dich zu überraschen. Doch lasse mich dir sagen, dieser Weg kann nicht halb gegangen werden. Du musst dich vollständig hingeben und bereit sein, zu empfangen. Das erfordert Mut, Bereitschaft und Klarheit. Du bist auf diesem Weg nicht alleine. Tausende von Frauen gehen ihn bereits. Sie wissen, wie sehr sie gebraucht werden.

Alle reden immer von der neuen Weiblichkeit.
Sie ist in aller Munde …
Doch weißt du WIRKLICH, was das bedeutet?
Was es bedeutet hinter all dem Schöngerede,
dem seichten Mitgehen, nur weil es schick klingt?

Es ist die radikalste Reise …
Das größte Abenteuer …
Das Hinabsteigen in die tiefsten Tiefen …
Das Hinterfragen von ALLEM und JEDEM …
Das BEREITSEIN mit allen Konsequenzen …
Das Rendezvous mit deinen stärksten Schatten …
Das Vordringen in die geheimste Herzkammer …
Das Stehenbleiben mitten im Feuer …
Das WAGEN des Sprunges in scheinbare Schluchten …
Das Nichts-mehr-Wissen …
Das Vertrauen in etwas, was du nicht siehst …
Die Hingabe an ALLES, was dir begegnet,
ob Dunkelheit oder Licht …

Es bedeutet, Entscheidungen zu treffen,
die du noch nie auf diese Weise getroffen hast.
Es bedeutet, dein Herz so weit zu öffnen, bis es wehtut,
um dann stehenzubleiben in der Nacht.
Um alles zu fühlen.
Um alles zu begreifen.
Um alles zu umarmen.
Weil DU es bist.

Es bedeutet Schmerz, Glück, Freude, Ekstase
dich bis ins Mark erschüttern zu lassen.
So lange, bis ein Schrei aus den tiefsten Schluchten
deines Selbst aufsteigt.
Der Schrei von etwas Neugeborenem,
was du dir noch nie vorstellen konntest.

Es wird eindringen und dich berühren, alle Zellen,
und nichts auslassen.
Und wer noch sagt, dass gehe leicht, der lügt.
Es ist ein Gebären in Wellen,
mit allem, was dazugehört.
Es geht nicht halb, es geht nicht nett!

Und glaube nicht, dass du irgendetwas
am Rande deines Lebens stehenlassen kannst,
wenn du diese Reise gehst …
Weder deine alten Schichten,
noch alte *Ge*schichten,
noch die Männer.

Alle und alles muss mitgenommen werden,
um sich im Feuer der Annahme zu verwandeln.
Alle reden von Loslassen.
NEIN. Mitnehmen!
Letztlich sind alle dunklen Orte Geburtsstätten.
So, jetzt weißt du es.
So und nicht anders.
Und wenn du nun spürst, dass es so ist,
dann lass uns gehen …

Die Welt steht vor einem immensen Wandel, und die Frauen müssen die große Macht, die in ihnen schlummert, wiedererwecken und der Welt Frieden und Heilung schenken. Wenn Frauen diese starke, alles verändernde Kraft der Liebe wieder freisetzen, wird Wandlung möglich sein. Viele Jahrtausende wurde die Kraft der Frauen untergraben. Es ist wichtig, dass wir sie wieder erwecken, dass wir die Weisheit und den Zugang zu allen Formen der weiblichen Energie wieder beleben für die Heilung unserer Mutter Erde.

Frauen tragen das alte Wissen der göttlichen Weiblichkeit in sich. Als Frau unterliegt dein Körper den Zyklen des Mondes und der Sterne. Du bist über die Rhythmen der Geburt, des Lebens und des Todes mit der natürlichen Weisheit verbunden. Uns Frauen wurde eine Gabe verliehen, wir sind Schöpferinnen des Lebens.

Schwester … wenn du bis jetzt noch keinen Fuß in dein heiliges weibliches Feuer gesetzt hast, entscheide jetzt, dass nun der Moment ist, die ganze göttliche Fülle deiner Weiblichkeit zu empfangen, zu der du geboren bist.

Lass diese Weiblichkeit durch dich leben, lasse sie dich führen, durch dich sprechen, weise Entscheidungen treffen und dich bewegen.

RITUAL:
MANIFEST DER GÖTTIN

KEINE Frau ist stärker und schöner und wahrhaftiger
als EINE, die sich hinstellt und sagt:
»So und so ist es für mich. Dies ist meine heilige Wahrheit.
Aufgestiegen aus der Tiefe meines innersten HERZENS.
Und sollte ich irren und Vieles zu lernen haben …
JETZT ist es so. Und danach lebe ich.
Und dem bin ich treu. Und diesem folge ich.
Nach dem Gesetz meines Herzens.
Und sollten auch andere anderer Meinung sein,
und sollte ich vielleicht ganz allein da stehen,
so stehe ich doch im Feuer MEINER Erkenntnis.
Durchlitten und durchlebt,
durchdrungen und gewebt
vom Leben selbst.«
Keine Frau ist stärker und schöner als EINE,
DIE sich selbst erkennt, WIE sie ist,
und dem Ruf ihres HERZENS und ihrem ureigenen Pfad folgt.

Wenn du dich entschieden hast, den weiblichen Weg zu gehen – was immer dies für dich bedeutet –, dann habe ich hier
ein Ritual, um dich auf diesen Weg einzustimmen. Du kannst
dieses Ritual für dich alleine oder mit anderen Frauen gestalten.

Du möchtest JA sagen auf deinem Weg zu dir selbst, dem Weg zu deiner weiblichen Kraft? Dann feiere dich mit einem Fest. Ob du nun für dich alleine bist oder mit mehreren feierst, ist egal. Bereite dich vor, nimm dich wichtig. Gestalte deinen Raum gemütlich und schön, oder feiere draußen in der Natur oder bei Vollmond. Deiner Fantasie sind keine Grenzen gesetzt. Überhaupt wirst du nun deine Bereitschaft kundgeben, deiner innersten Weisheit zu vertrauen, also kannst du sie auch jetzt schon wahrnehmen. Ziehe dich schön an, trage die Farben deiner Wahl. Wenn du willst, schmücke dich. Du darfst dich nun nach Herzenslust in deinem Sein ausdrücken. Es gibt keine Grenzen. Zünde ein paar Kerzen an, und bereite dir ein leckeres Getränk, ein kleines Festmahl. Wähle eine schöne Musik, bei der du dich gerne bewegst oder tanzt. Bedenke, dass dieses Ritual, das einer Einweihung gleicht, an Stärke zunimmt, wenn du es mit anderen Frauen teilst, die dieselbe Absicht haben wie du. Esst und tanzt miteinander oder singt. Eröffnet durch euer Sein einen heiligen Raum. Wenn es passt, kannst du auch ein Feuer entzünden. In einem für dich passenden Augenblick stehe auf, und gib deine Absicht kund. Folgende Worte empfehle ich dir, sprich sie laut aus (Wenn du einen Impuls für eine eigene Rede hast, folge diesem).

Sprich nun laut aus:

Ich gebe mir selbst die volle Erlaubnis,
meinem Herzen zu folgen,
auf meine Wünsche zu hören,
mich vollständig zu lieben,
um mich glücklich zu machen.

Ich gebe mir die volle Erlaubnis,
tief erfüllt zu sein und in Ekstase
und Hingabe zu leben.

Ich erlaube meinem Körper,
sich zu öffnen und der Tempel
für Freude, Glückseligkeit, Erfüllung und Liebe zu werden,
der er immer schon war, ist und sein wird.

Ich gebe mir selbst die vollständige Erlaubnis,
mich in Liebe tief zu verbinden,
um die Gnade und Weisheit der weiblichen Kraft
zu verkörpern und zu repräsentieren.

Ich aktiviere die Göttin in mir,
die reich gefüllt ist mit Liebe, Freude, Glückseligkeit, Weisheit,
Lebensenergie und seelischer und körperlicher Heilung.

Ich sage JA zur Erfüllung.
Ich sage JA zu meiner Herzensweisheit.

Ich sage JA zu meiner Authentizität.
Ich sage JA zu meiner Sehnsucht.
Ich sage JA zu meinem Glück.
Ich sage JA zu meiner Kreativität.
Ich sage JA zu meiner Sinnlichkeit.
Ich sage JA zum Sinn meines Daseins.
Ich sage JA zum Reichtum.
Ich sage JA zur Freiheit.
Ich sage JA zu meiner Sexualität.
Ich sage JA zur Liebe.
Ich sage JA zum Leben.

So sei es!

Wenn du magst, bleibe noch ein wenig mit geschlossenen Augen stehen, nachdem du diese Worte gesprochen hast. Sie sind von großer Bedeutung. Sie wurden schon von vielen Frauen in der Welt gesprochen.

Wenn ihr mehrere Frauen seid, lasst alle anderen ebenfalls vortreten und sprechen. Fühlt den wundervollen Augenblick, und haltet euch an den Händen. Lasst zu, was immer an Gefühlen aufsteigen möchte. Nach dem Sprechen des Rituals könnt ihr den Abend noch ausklingen lassen. Folgt einfach euren Impulsen.

Herzlich willkommen in der Schwesternschaft!

Eine neue Welt – singe dein ureigenes Lied

Schwester, ein letztes Mal erinnere dich! Wach auf! Du hast einst Welten geboren. Durch dich sind die Kinder der Erde auf den Planeten gekommen. Du hast sie in deinem Bauch gehütet. Du hast sie genährt. Du trägst so viel. Bist für andere da. Du tust das, was getan werden muss. Du kümmerst dich. Nimmst alles in dein großes Herz, verwandelst es. Du nährst, versorgst, schenkst Trost und Zuversicht.

Du heilst die Welt. Machst sie ein Stück wärmer.

Du hältst alles zusammen, kehrst die Scherben auf. Und flickst sie wieder zusammen. Du dienst der Welt jeden Tag aufs Neue. Es ist wie Atmen, so ist es einfach. Deine weibliche Energie will fließen und strömen, sich verschenken und nähren, kreieren und gebären. Und auch wenn dich niemand sieht, mit all dem, was du tust, was du bist … sage ich dir, Frau, es gibt jemanden, der dich sehen kann. Dieser Jemand bist du!

Fange heute an, dich zu sehen. Erkenne, was und wer du bist. Mit all deinen wundervollen Gaben, all dem Unerkannten. Erkenne es. Sieh dich, sieh dich wirklich an. Mit all deiner Schönheit, den Schatten, den Verzweiflungen, deiner wilden Liebe. Und wie oft du wiedergeboren wirst aus dem NICHTS! Wie Phönix aus der Asche. Und was du bewirkst in der Welt, den Unterschied, den du machst, dein Lächeln, das du schenkst, die Hoffnung, die du trägst, dein unerschütterlicher Glaube. Die Stimme, die du erhebst, deine Arme, die halten und tragen. Dein Schoß, der Leben schenkt. Ein Wunder bist du!

LASSE DEN WIND WEHEN ... denn er bringt den Samen dorthin, wo er benötigt wird. Deshalb öffne dich für die Möglichkeit des Windes. Spüre ihn, wenn er kommen will, oder lasse dich von ihm überraschen, ganz wie du willst. Legst du dich auf seine Schwingen, wird er dich immer höher und höher tragen. In unbekannte Räume. Er ist wild, wenn er kommt,

er entscheidet, was er hinwegweht und was nicht. Vertraue ihm, schenke dem Wind deine Liebe.

Spüre seine Wildheit, seine Unberechenbarkeit, und dann … lege dich einfach in seine starken Arme, und lasse dich davontragen.

Nun sind wir tatsächlich am Ziel unserer vorläufigen Reise angelangt. Ich verspüre fast ein wenig Wehmut, mich nun von dir zu trennen. Es tröstet mich, dass wir nun einer gemeinsamen Schwesternschaft angehören, die weltweit verbunden ist. Ich danke dir, dass du mit mir gewandert bist. Wenn es auch nur in Gedanken geschah, ich war aus vollem Herzen bei dir.

Jetzt gehst du deinen eigenen Weg, du singst deinen eigenen Song. Doch wir sind verbunden durch die Schwesternschaft des Herzens. Ich freue mich und wünsche dir Glück. Vielleicht sehen wir uns einmal im echten Leben, wer weiß …

In Liebe
Lilia

Danksagung

Dieses Buch ist ein Herzensprojekt, und doch ist alles ganz anders gekommen, als geplant. Die verschiedenen Kapitel katapultierten mich in eigene Prozesse, die ihre Zeit brauchten. Umso mehr bin ich dankbar für all die Unterstützung, die mir in dieser Zeit zuteil wurde.

Von ganzem Herzen möchte ich mich bei meiner Lektorin Kerstin Noack bedanken, ich danke dir, dass du mich unterstützt, mein Buch verständlich in die Welt zu bringen. Mein großer Dank gilt auch meinen Verlegern Heidi und Markus Schirner für ihre Geduld und die Kommunikation mit mir. Ich bin sehr stolz, ein Teil der Schirner-Familie zu sein.

Ich danke aus vollem Herzen meinem Mann Batu Mike, der sich rührend um mich gekümmert hat, wenn ich in Schreibmarathons gefallen bin. Danke für deine Liebe, deine Unterstützung, das Kochen und deine Fürsorge für den Rest der Familie. Ich liebe dich!

Danke an meine liebe und wundervolle Freundin Susanne Hühn. Hey, du bist mir unendlich wichtig, ich liebe unsere Verbindung, unsere Gedanken und unser Sein. Danke für das Bereitstellen deiner Texte für dieses Buch und das Schreiben des Vorwortes.

Ich möchte meiner Tochter Paulina danken. Du bist eine Frau. Ich bin so stolz, dass du auf der Welt bist. Auch wenn wir miteinander eine tiefe Wunde haben, hoffe und bete ich, dass wir sie eines Tages zusammen ansehen und heilen können. Meine Liebe für dich ist immer da.

Danke an meinen Sohn Etu, der immer Geduld aufbringen musste, wenn Mama nicht verfügbar war, weil sie gerade schrieb. Und der sich doch liebevoll um mich sorgte, als sei er die Mama.

Danke an all die Frauen, mit denen ich mich austauschen durfte. Viele Gespräche und Telefonate kamen durch dieses Buch zustande, und ich habe tiefe Einblicke in die Gefühle und Geschehnisse anderer Frauen erhalten. Danke!

Danke an meine Freundinnen, die mich immer unterstützen, wo sie nur können: Jasmin, Nadine, Stefanie und viele mehr. Ihr seid mir sehr wichtig. Auch einen innigen Dank an meine Freunde Anne und Werner, die mir stets helfen, mich wieder neu zu ordnen, wenn ich zerstreut abgetaucht bin.

Zu guter Letzt möchte ich meiner Tierfamilie und den großen Kräften von Mutter Natur danken, die mich immer wieder erneuern und heilen. Große Göttin, ich bin mir sicher, dass du mich bei all dem führst und leitest! Ich danke dir, dass du mich nie vergisst und ich mich verbunden und geführt fühle.

DANKE, Leben!

Die Autorin

Lilia Christina Martiny studierte ursprünglich Tanz, Gesang und Schauspiel und war viele Jahre an Bühnen tätig. Durch die tragischen Krankheiten zweier ihrer vier Kinder wurde sie nach Brasilien zu dem schamanischen Heiler Joao de Deus geführt und dort als Medium angenommen. Joao heilte ihren Sohn von seinem Hirntumor. Fast zehn Jahre begleitete Lilia Martiny aus Dankbarkeit Gruppen nach Brasilien.

Heute begleitet sie als Therapeutin und Heilerin hauptsächlich Frauen auf ihrem Herzensweg. Auf der »Liliths Farm« in Frankreich lebt und arbeitet sie gemeinsam mit ihrem Mann Batu und ihren Pferden.

www.liliamartiny.com

Bildnachweis

Danke für deine **REZENSION**

— Gemeinsam sind wir mehr —

Liebe Leserin, lieber Leser,

von Herzen danken wir dir, dass du dieses Buch in den Händen hältst und es bis zum Ende gelesen hast. Das bedeutet uns, dem Schirner Verlag und seinen Autoren, sehr viel. Aus voller Überzeugung und mit Hingabe widmen wir uns seit vielen Jahren Themen, die unser aller Lebensqualität und Bewusstwerdung dienlich sind, und hoffen, einen Beitrag für eine lichtvollere Welt leisten zu können. Wenn dir unsere Arbeit gefällt, möchten wir dich bitten, dir einige Minuten Zeit zu nehmen, um dieses Buch zu rezensieren. Warum? Die meisten Menschen lesen Rezensionen, bevor sie ein Buch kaufen, da sie hierdurch einen Eindruck bekommen, ob und wie der Inhalt des Buches den Leser erreicht hat. Eine kurze Rezension ist dabei ebenso hilfreich wie eine lange, sehr ausführliche. Um es auf den Punkt zu bringen:

Eine Rezension ist heutzutage die beste Werbung für ein Autorenwerk!

Wenn du den Schirner Verlag und seine Autoren neben dem Buchkauf auch anderweitig unterstützen willst, dann bitten wir dich: Schreibe für jedes Werk eine Rezension – am besten auf der Seite, wo du es gekauft hast, und zusätzlich beim Schirner Verlag und bei Amazon. Das wäre nicht nur eine Wertschätzung für die Autoren, sondern kann dazu beitragen, dass die Verkaufszahlen steigen und der Schirner Verlag auch in herausfordernden Zeiten Bestand hat.

WIE SCHREIBT MAN EINE REZENSION?

Grundsätzlich sollte eine Rezension aus der eigenen, subjektiven Sicht geschrieben werden, da es sich um eine persönliche Meinung handelt. Du kannst in zwei Sätzen deine Gedanken zu dem Buch äußern oder eine längere Rezension verfassen. Falls du nicht weißt, wie du beginnen sollst, hier ein paar Anregungen:

- War das Buch leicht verständlich geschrieben? Wie hat dir die Sprache gefallen? Wie empfandest du die Aufteilung der verschiedenen Themen?
- War es unterhaltsam? War es deiner Meinung nach mit Herzblut und Liebe geschrieben? Wie hat es auf dich gewirkt?
- Hat es dein Herz berührt? Konntest du dich wiederfinden?
- War es tief greifend genug? Hast du viel Neues gelernt?
- Hat es gehalten, was der Titel und die Buchbeschreibung versprochen haben? Hat es deine Erwartungen erfüllt?
- Was macht das Buch besonders? Warum sticht es heraus im Vergleich zu anderen Büchern, die ein ähnliches Thema behandeln?
- Würdest du das Buch weiterempfehlen oder verschenken?